ÍNDICE

Tema 1 5
Tema 2 15
Tema 3 23
Tema 4 31
Tema 5 40
Tarea 6 48
Tema 7 57
Tema 8 62
Tema 9 70
Tema 10 78
Tarea 1 84
Tarea 2 90
Claves. Modelo de examen 93

TEMAS DE SALUD

Manual para la preparación del
Certificado Superior de Español de la Salud
de la Cámara de Comercio de Madrid

LIBRO DE CLAVES

Carmen Rosa De Juan
Marisa De Prada
Pilar Marcé
Danica Salazar

© Editorial Edinumen 2009
© Carmen Rosa De Juan, Marisa De Prada, Pilar Marcé, Danica Salazar

Editorial Edinumen
José Celestino Mutis, 4
28028 - Madrid
Teléfono: 91 308 51 42
Fax: 91 319 93 09
e-mail: edinumen@edinumen.es
www.edinumen.es

ISBN: 978-84-9848-034-4
Depósito Legal: M-375-2009

Diseño de cubierta: Antonio Arias y Carlos Casado
Maquetación: Pilar Lázaro
Imprime: Gráficas Glodami. Coslada (Madrid)

Reservados todos los derechos. No está permitida la reproducción parcial o total de este libro, ni su tratamiento informático, ni transmitir de ninguna forma parte alguna de esta publicación por cualquier medio mecánico, electrónico, por fotocopia, grabación, etc., sin el permiso previo y por escrito de los titulares del copyright.

TEMA 1

LA SALUD

FICHA 1.1.

1. 2. y 3. Estas primeras preguntas nos van a servir no solo para hacernos una idea de cuáles son los conocimientos básicos de nuestros estudiantes sobre la salud en general, sino también para formarnos una idea de su grado de comprensión lectora, de su riqueza de vocabulario, de su pronunciación, de su expresión escrita. Es decir, de todo aquello que van a precisar desarrollar en el examen de la Cámara de Comercio de Madrid.

1. y 2. Se pueden realizar las preguntas individualmente a algunos estudiantes y apuntar en la pizarra algunas palabras o frases clave. A continuación, puede animarlos a todos a que digan si están o no de acuerdo. Se trata de motivarlos desde el principio para que los ejercicios sean siempre muy interactivos.

Podemos sugerir a nuestros estudiantes que creen su propio glosario con las definiciones en español y los equivalentes en su propio idioma. Pueden ir haciéndolo poco a poco, a medida que surjan los términos.

Algunas informaciones para que usted, profesor/a, las transmita a sus alumnos, si lo cree conveniente:

- En 1956, René Dubos expresó lo que para él significaba salud: "Salud es un estado físico y mental razonablemente libre de incomodidad y dolor, que permite a la persona en cuestión funcionar efectivamente por el más largo tiempo posible en el ambiente donde por elección está ubicado". En esta definición, Dubos circunscribe a la salud entre dos dimensiones, una física y la otra mental.

- En 1959, Herbert L. Dunn describió el concepto de salud mencionando en él, por primera vez, la dimensión social.

- En los años siguientes, este concepto social de la salud se sigue enfatizando. Edward S. Rogers (1960) y John Fodor (1966) también incluyen el componente social al concepto de salud: "Un continuo con gradaciones intermedias que fluctúan desde la salud óptima hasta la muerte".

- Milton Terris (1975) enfatizó en esta dimensión social de salud: "Salud es un estado de bienestar físico, mental y social y la capacidad para funcionar, y no meramente la ausencia de enfermedad o incapacidad".

- Alessandro Seppilli (1971) define salud como "una condición de equilibrio funcional, tanto mental como físico, conducente a una integración dinámica del individuo en su ambiente natural y social".

3. a) La ausencia de enfermedad o dolencia, no estar enfermo.

b) Añade los aspectos mental y social.

c) La paz, adecuados recursos económicos y alimenticios, vivienda, un ecosistema estable y un uso sostenible de los recursos.

d) Diga a sus alumnos que, fundamentalmente, la salud holística posee las siguientes características:
- Se vislumbra la salud desde una perspectiva positiva.
- Se enfatiza el bienestar en vez de la enfermedad.
- El ser humano se desempeña como una unidad entera.
- No existe salud si una de las dimensiones no se encuentra saludable.
- Su filosofía/propósito principal es la enseñanza de prácticas básicas de una vida saludable.

Este concepto holístico de la salud es muy importante, porque le otorga importancia a los otros aspectos de la salud que han sido excluidos de las definiciones anteriores: el componente emocional y el componente espiritual de la salud. Según el profesor Edgar Lopategui, sin estos dos componentes es imposible alcanzar un óptimo estado de salud.

4. a), b) y c) Respuestas individuales libres y en grupo/s.

d) Dígales a sus alumnos que en España, por ejemplo, tener caries, en determinados grupos sociales, es síntoma de falta de salud, mientras que en Colombia, entre indígenas, esa misma realidad queda reducida a mera anécdota.

FICHA 1.2.

1. a), b), c) y d) Respuestas individuales libres y en grupo/s.

2. Deles a sus alumnos algunas expresiones que les sirvan para dar su opinión (*creo que, opino que, me parece que, considero que,* etc.), para responder de forma afirmativa o negativa (*por supuesto, desde luego, lo veo igual,* etc. o *de ningún modo, en absoluto,* etc.) y para mostrar acuerdo (*de acuerdo, opino lo mismo, creo que estás en lo cierto,* etc.)

o desacuerdo *(no lo veo así, no estoy de acuerdo, me parece que te equivocas,* etc.).

b) Recuérdeles ahora que podrían usar el imperativo si quieren dar consejos parecidos a los que aparecen en el apartado c).
Puede preguntar a sus estudiantes a cuál de los factores de riesgo creen que en la actualidad se debería prestar más atención en su país.

FICHA 1.3.

1. Calidad de vida: estimación de la vida que resta a un individuo sin secuelas, incapacidades ni minusvalías, como se entiende en la expresión "años de vida ajustados a la calidad".
Esperanza de vida: el número medio de años que va a vivir una generación.

2. Respuestas individuales libres.

3. b) 1. Japón: **81**; 2. Italia: **80**; 3. Suecia: **80**; 4. Canadá: **79,5**; 5. España: **79**; 6. Australia: **79**; 7. Alemania: **78**; 8. Rusia: **65**; 9. Haití: **51**; (Etiopía: **42**; Angola: **40**; Ruanda: **40**; Botswana: **37**); 10. Mozambique: **34**.

c) EE. UU.: **77**, Cuba: **76**. Puede comentar que el puesto relativamente bajo de EE.UU. se debe a las enormes desigualdades de salud dentro del país y a las consecuencias del tabaco, el sida y la obesidad.

4. a) Deles unos minutos de tiempo a sus alumnos para que escriban una definición de las palabras de esta actividad. Luego, en grupos de tres, que comparen sus definiciones y elijan la que crean más acertada. A continuación, cada grupo leerá esa definición elegida y el resto de la clase comentará los aciertos o errores de cada definición dada.
Al final, el profesor leerá las definiciones siguientes:

| 1. Mamografía | Radiografía de la mama que permite identificar lesiones o tumores mamarios con gran precisión, pudiendo obtener así un diagnóstico de forma precoz. Se recomienda realizar una mamografía de control, cada dos años, a todas las mujeres mayores de 50 años. Las mujeres con riesgo de padecer un cáncer de mama deberán realizarse una mamografía, cada año, a partir de los 35. |

2. Menopausia	Periodo comprendido entre los 50 y 55 años en que desaparecen definitivamente las funciones ováricas.
3. Tumor	Una masa anormal de tejido que resulta de un exceso en la división celular; puede ser benigna (no cancerosa) o maligna (cancerosa).
4. Riesgo cardiovascular	El riesgo cardiovascular es la probabilidad de tener una enfermedad cardiovascular en un determinado periodo de tiempo.
5. Hormona del estrés	La hormona cortisol es un esteroide que hace que nuestro cuerpo produzca energía para sobrellevar el estrés. Si nuestros niveles de cortisol son elevados por varios meses o años se producen daños en nuestro cuerpo. El exceso de cortisol afecta al sistema inmunológico, la fertilidad y los huesos.
6. Presión arterial	Es la presión que ejerce la sangre contra la pared de las arterias. Esta presión es imprescindible para que circule la sangre por los vasos sanguíneos y aporte el oxígeno y los nutrientes a todos los órganos del cuerpo para que puedan funcionar.
7. Fármacos	Son unas sustancias que se utilizan con fines terapéuticos, diagnósticos o preventivos.
8. Colesterol	Sustancia grasa presente en forma natural en el organismo, las grasas de los animales y los productos lácteos, y que es transportada en la sangre. En cantidades limitadas, es esencial para el desarrollo normal de las membranas celulares.
9. Glucemia	Concentración de la glucosa en la sangre.
10. Hipertensión	Incremento crónico de la presión arterial por encima de sus niveles normales.

b) Todas las dolencias mencionadas en el ejercicio anterior pueden padecerlas los hombres o las mujeres excepto la menopausia, que solo la tienen las mujeres.

La mamografía no es una dolencia, sino una prueba médica que se les realiza a las mujeres.

c)

30-40 años	40-50 años	50-60 años	60-70 años	70-80 años	+ de 80años
c	e	a	b	d	f

FICHA 1.4.1

2. a) 1. enfermedad; 2. bisturí; 3. síntomas; 4. historial clínico; 5. juramento; 6. régimen.

b) 1. V; 2. F; 3. F; 4. V; 5. F.

FICHA 1.4.2.

1. El Juramento Hipocrático es el juramento público tomado por los graduados de Medicina, ante la comunidad y otros médicos. Sirve para orientar éticamente la práctica de su oficio. Pregunte a sus estudiantes a nivel general si saben o cuál creen que es el contenido de dicho Juramento para introducir la actividad siguiente.

2. Si hace esta actividad en la clase, pídales que por turnos lean cada punto del Juramento y aclare dudas de vocabulario. Respetaré el secreto de quien no haya confiado en mí; Desempeñaré mi arte sin/con conciencia y dignidad; Mantendré, en todas las medidas de mi medio, el honor y las nobles tradiciones de la profesión técnica/médica. No permitiré que entre mi deber y mi enfermo...

FICHA 1.4.3.

1. 1. crónicas; 2. vegetativos; 3. psicológicos; 4. ecografías; 5. genéricos; 6. tratamiento; 7. infartos.

2. a) Dígales a sus alumnos que un "hallazgo" significa un descubrimiento.

b) y c) Respuestas individuales libres y en grupo/s.

d) Respuestas: Los antibióticos: 32.31%; La anestesia: 18.29%; Los cultivos celulares: 14.63%; El descubrimiento de la estructura del ADN 11.58%; Los riesgos del tabaco: 6.70%; La inmunología: 4.87%. Los quince hitos de la historia de la Medicina elegidos por *British Medi-*

cal Journal son la anestesia, los antibióticos, la clorpromacina para el tratamiento de trastornos psicóticos, la aplicación de la Informática a la Medicina, el descubrimiento de la estructura del ADN, la Medicina basada en la evidencia, la teoría de los gérmenes, la inmunología, las técnicas de imagen, la píldora oral contraconceptiva, la terapia oral para la rehidratación, los riesgos del tabaco, las mejoras en los sistemas de depuración del agua, los cultivos celulares y las vacunas. Después de dar la solución, puede comentar con todo el grupo los beneficios de cada hallazgo para la Medicina y la salud de la población en general.

Para insistir en el vocabulario aparecido hasta ahora en el tema y para comprobar su pronunciación y su comprensión auditiva, le proponemos la siguiente actividad:

Haga que la clase se divida en dos grupos.

Reparta a cada grupo uno de los textos correspondientes que contienen información sobre algunos descubrimientos.

La actividad siguiente consistirá en adivinar de qué descubrimiento se trata, después de la lectura informativa y descriptiva por parte de un alumno del grupo contrario.

Textos breves para el grupo A

1. Tienen unos orígenes remotos en la India, o tal vez en China. Hacia el siglo XI en este último país se colocaban las costras de los enfermos de viruela enfrente de la nariz de personas no infectadas para, creándoles una forma leve de la enfermedad, prevenir un ataque más severo. El término deriva del latín (*vacca*) y fue utilizado por primera vez por el inglés Edward Jenner (1749-1823). Napoleón hizo que se practicara ese "descubrimiento" a su ejército. Luis Pasteur estudió los trabajos de Jenner y comenzó a inyectar microorganismos debilitados en animales. En 1881 comenzó sus experimentos contra la rabia, enfermedad viral mortal que transmitían los animales (especialmente perros y gatos) al hombre a través de heridas por mordeduras. Hacía sus experiencias en animales, pero el día que recibió al joven Joseph Meister con una mordedura de un perro rabioso, no tuvo más alternativa que aplicar su suero en un ser humano. Fue un éxito. Después de este hecho, se fundó en París el Instituto Pasteur. Meister trabajó posteriormente con Pasteur en su laboratorio. El Instituto Pasteur sigue siendo un lugar de constante investigación contra las enfermedades.
Solución: las vacunas.

2. El siglo XX dio a luz a un enorme número de avances por lo que se refiere a medicamentos, instrumental, métodos de diagnóstico, y nuevos tratamientos.

Como tantos otros remedios, tiene un antecedente remoto en la Antigüedad: los médicos griegos recetaban a sus pacientes, para combatir el dolor de cabeza, un preparado de corteza de sauce. Como el moderno fármaco, derivado de la "salicilina" que se encuentra en los sauces, provocaba dolor de estómago. El fármaco, propiamente dicho, fue introducido en 1854 por el químico alemán Karl Frederich von Gerhardt, descubridor del ácido acetilsalicílico. Sin embargo, este analgésico (y antiinflamatorio) cayó pronto en el olvido, siendo redescubierto por un químico de la casa Bayer en 1893.
Solución: la aspirina.

3. Fue inventado por el médico francés Theophile René Hyacinthe Laënnec, aunque su prototipo no era precisamente complejo: se trataba de un simple tubo de papel. En un principio, la manera de auscultar el corazón o los pulmones era asimismo la más lógica: colocar la oreja en el pecho del paciente.
Solución: el estetoscopio.

Textos breves para el grupo B

1. En el siglo XVIII, buscando un remedio para aliviar el escorbuto entre los marineros, se descubrió uno de los pilares básicos de la nutrición humana. Los marineros holandeses fueron los primeros en introducir (en el siglo XVI) cítricos en su dieta, para evitar las terribles secuelas del escorbuto: caída de los dientes y debilitamiento de los huesos, entre otros. Pero fue James Lind quien, en 1753, aconsejó introducir en la dieta de los hombres de mar jugo de limón, o de otro tipo de frutas. Cuando esta medida fue aplicada (en 1796) el escorbuto desapareció entre la marinería británica. Como es lógico, Lind no sabía que lo que prevenía esta terrible enfermedad no era la fruta en sí, sino uno de sus ingredientes: el ácido ascórbico, rico en vitamina C.
Solución: las vitaminas.

2. Los primeros consistían en narcóticos del tipo de la mandrágora: Plinio el Viejo decía de ella que era muy efectiva, si se usaba en forma de cataplasma. Durante la Edad Media, los dentistas utilizaban el beleño. El primero de uso general fue el éter, que se empleó por primera vez en Estados Unidos. Al dentista William Morton se le atribuye este descubrimiento en 1844. Morton construyó un aparato para administrar éter y lo probó con un paciente al que, después de dormir, le extrajo una muela sin que sufriera ningún dolor. El primer empleo del cloroformo tuvo lugar en el séptimo parto de la reina Victoria de Inglaterra.
Solución: los anestésicos.

3. El procedimiento a partir del cual el paciente es alejado de los gérmenes nació con la práctica establecida por el microbiólogo francés Louis Pasteur, de esterilizar los instrumentos quirúrgicos a través de su ebullición. El austriaco Ignaz Philipp Semmelweis, mediante el sencillo procedimiento de "obligar a los médicos a lavarse las manos", consiguió disminuir la mortalidad tras y durante los partos de forma dramática.
Solución: la asepsia.

3. a) Algunos ejemplos son: pediatra; otitis; cardiología; neuralgia; carcinoma; oftalmólogo; lumbalgia, etc. Puede hacer esta actividad con tarjetas grandes que combinará en la pizarra según sugieran sus estudiantes.

c) Si desea trabajar más este punto, encontrará una lista completa de prefijos, raíces y sufijos en el Manual Merck de Información Médica para el Hogar *(http://www.msd.es/publicaciones/mmerck_hogar/)*.

FICHA 1.5.

1. y 2. Puede guiarles preguntándoles cuándo fue la última vez que sintieron "dolor", qué experimentaron entonces, cuáles fueron las causas, su intensidad, etc. A partir de ahí, puede ir escribiendo vocabulario relacionado en la pizarra. También puede dibujar un mapa semántico en la pizarra que cubra distintos aspectos del dolor (causas, intensidad, sensaciones, duración, partes del cuerpo que intervienen…). A partir de ahí, en parejas, grupos o todos juntos, elaboren una posible definición de dolor.

3. Dolor agudo: se define como el dolor temporalmente relacionado con el evento precipitante y, aunque puede ser controvertido, algunos lo definen con una duración menor de 30 días. Es el que aparece primero y tiene un fin biológico protector, al indicar al enfermo que un proceso patológico se desarrolla en su organismo, alertándolo a buscar ayuda médica, para identificar su causa e iniciar un tratamiento. Existen múltiples ejemplos de dolor agudo: quemaduras, politraumatismos, dolor torácico por infarto agudo de miocardio…
Dolor crónico: es aquel que sobrepasa a un problema agudo, persistiendo más allá del fin biológico de protección. Carece de utilidad como síntoma de alerta. Su duración temporal es prolongada e induce, a quien lo padece, un sufrimiento físico y moral devastador. Este tipo de dolor puede subclasificarse como dolor crónico benigno (no asociado con cáncer) o maligno. Ejemplos: artritis reumatoide, fibromialgia, lumbalgia…

4. 1. molestia; 2. cerebro; 3. órganos; 4. lesión; 5. estímulos; 6. pacientes; 7. golpe; 8. estado.

5. Se puede realizar esta actividad en parejas. Lea el apartado de las preguntas, por si surgen dudas de vocabulario.
1. b; 2. a; 3. f; 4. c; 5. d; 6. i; 7. ø; 8. g/e; 9. h.

FICHA 1.6.1.

1. 1. Sanidad pública; 2. Sanidad privada; 3. Sanidad pública; 4. Sanidad privada.
Después de corregir esta actividad, pídales que seleccionen el vocabulario que consideren específico del ámbito de la sanidad, junto con "Sanidad pública" y "Sanidad privada" (p. ej. Servicios sanitarios, Políticas de salud, Sistema sanitario). Para completar esta actividad, pida a sus estudiantes que expliquen qué tipo de sistema sanitario existe en su país y si es más importante la Sanidad pública o la privada. Puede pedirles que preparen una breve presentación para la sesión siguiente sobre este tema, para luego ver las diferencias y semejanzas entre países.

FICHA 1.6.2.

1. Pídales que por turnos lean las preguntas y las contesten individualmente. Luego, deles unos minutos para que lean el texto en silencio y comprueben sus respuestas. Si dispone de la tecnología necesaria en la sala, presénteles el sitio web de la OMS *(http://www.who.int/es/index.html)*.
1. F; 2. F; 3. V; 4. F.

2. El primer diagrama muestra una distribución desigual de los trabajadores sanitarios en todo el mundo. Actualmente, en el África subsahariana hay 1,3 trabajadores sanitarios por cada 1000 habitantes. Para alcanzar los Objetivos de Desarrollo del Milenio, la OMS recomienda 2,5 trabajadores sanitarios por cada 1000 habitantes. Deles algunas expresiones a sus estudiantes que les sirvan para comparar (*frente a, en cambio, en comparación con…*) y expresar cantidad superior e inferior. Pídales que comparen las distintas zonas geográficas en relación con la proporción mundial y a su región de origen. Pídales que escriban un breve texto explicando el diagrama.
Deles unos minutos para observar el segundo diagrama y resuelva dudas de vocabulario. Pídales que lo expliquen, comparando también los gastos de cada apartado y pregúnteles su opinión sobre la distribución (si les parece adecuada, razonable).
Si desea ampliar/reforzar vocabulario, pregúnteles qué tipo de proyec-

tos/programas piensan que incluye cada apartado (por ejemplo, "salud mental y abuso de sustancias"). En el sitio web de la OMS encontrará información sobre distintos proyectos. Puede preparar textos breves que describan dichos proyectos. Haga que la clase se divida en pequeños grupos, según el número de proyectos que tenga preparados. Reparta a cada grupo los distintos textos para que se los expliquen y, después, decidan a qué grupo de actividad pertenecen.

ACTIVIDADES RECOPILATORIAS

Pídales a sus estudiantes que hagan el test. Luego, con todo el grupo, comparen los resultados. Pregúnteles: Si tuvierais que repetir este test dentro de seis meses/un año, ¿qué hábitos de vida deberías cambiar para obtener un resultado más alto? Puede aprovechar para trabajar el condicional y las expresiones de obligación (*tendría que, debería, sería necesario que…*).

TEMA 2
INSTITUCIONES ABIERTAS. AMBULATORIOS

FICHA 2.1.

1. Estos dos textos van a servir para introducir conceptos básicos de la Atención Primaria, así como vocabulario específico que van a trabajar en esta unidad. Para que los estudiantes se acostumbren a leer en voz alta (en el examen de la Cámara hay que leer en voz alta), pídales que lean por turnos ambos textos y aproveche para resolver preguntas de vocabulario y empezar a elaborar un glosario.

   a) Antes de hacer la actividad con todo el grupo, les puede dar unos minutos para que la hagan individualmente o en parejas.

TEXTO 1	TEXTO 2
Puesta al alcance de todos los individuos y familias de la comunidad.	Dispensada por igual a todas las personas.
En todas y cada una de las etapas de su desarrollo.	Dispensación de servicios preventivos, curativos y rehabilitadores.
La Atención Primaria es parte integrante tanto del Sistema Nacional de Salud, del que constituye la función central y núcleo principal, como del desarrollo social y económico global de la comunidad.	Integra la acción […] y se ocupa también del contexto.
Representa el primer nivel de contacto de los individuos, la familia y la comunidad con el Sistema Nacional de Salud.	La Atención Primaria es el primer punto de contacto con el Sistema de Salud.

   b) y c) Deles unos minutos para que, individualmente o en parejas, escriban las definiciones. Motive a los estudiantes a que intenten definir con sus propias palabras los términos propuestos e incentíveles a usar el diccionario cuando lo necesiten. En la puesta en común, anote sus ideas en la pizarra.

Prevención (prevenir): según la ONU es "la adopción de medidas encaminadas a impedir que se produzcan deficiencias físicas, mentales y sensoriales (prevención primaria) o a impedir que las deficiencias, cuando se han producido, tengan consecuencias físicas, psicológicas y sociales negativas".
Curación (curar): sanar, recobrar la salud; aplicar a un enfermo los remedios para sanarse.
Rehabilitación (rehabilitar): según la ONU, "Es un proceso de duración limitada y con un objetivo definido, encaminado a permitir que una persona con deficiencia alcance un nivel físico, mental y/o social funcional óptimo, proporcionándole así los medios de modificar su propia vida. Puede comprender medidas encaminadas a compensar la pérdida de una función o una limitación funcional (por ejemplo, ayudas técnicas) y otras medidas encaminadas a facilitar ajustes o reajustes sociales".

2. Advierta que no todos los componentes están en las definiciones. Haga que los lean en voz alta por turnos. Deles unos minutos para que hagan la actividad individualmente o en parejas. Si desea hacerla con todo el grupo, para facilitar la tarea, puede hacer una transparencia mostrando los textos del ejercicio 1. También, para que no sea demasiado larga, puede dividir la clase en pequeños grupos y asignarles los componentes que deben buscar.
Posibles respuestas: accesible = "puesta al alcance de todos los individuos y familias de la comunidad; integral = "llevando lo más cerca posible la atención de salud al lugar donde residen y trabajan las personas", "parte integrante tanto del Sistema Nacional de Salud […], como del desarrollo social y económico global de la comunidad"; integrada = mediante la dispensación de servicios preventivos, curativos y rehabilitadores para mejorar todo lo posible la salud y el bienestar".

FICHA 2.2.

1. Puede realizar las preguntas individualmente a algunos estudiantes y apuntar en la pizarra algunas palabras o frases clave. A continuación, puede animarles a que digan si están o no de acuerdo. Se trata de motivarlos desde el principio para que los ejercicios sean siempre muy interactivos. En la descripción, puede guiar la respuesta con preguntas sobre la ubicación, el tipo de edificio, los servicios, tipo de paciente, etc. Posiblemente, aparecerá vocabulario que se va a trabajar en las fichas siguientes. Un seguimiento de esta actividad puede revelar diferencias culturales. Aquí puede recalcar la diferencia entre Centro de salud/Ambulatorio y Hospital.

2. En parejas, pídales que expliquen su experiencia a su compañero. Circule por la clase para resolver dudas de vocabulario. Si lo cree conveniente, antes de que expliquen su experiencia, puede aprovechar esta actividad para repasar el uso de los pasados o del uso de los verbos en el estilo indirecto.

3. a) Lea la definición en voz alta y, con todo el grupo, haga la actividad.
Respuestas: integral, basada en el trabajo en equipo, permanente y continuada.

4. Deles unos minutos para hacer la actividad. Es posible que varios servicios ya se hayan mencionado y apuntado en actividades anteriores. Puede utilizar las experiencias explicadas anteriormente por sus alumnos para mencionar servicios. Haga una puesta en común.

5. Lea primero las palabras del recuadro. Trabajo individual o en parejas. Incentíveles a usar el diccionario cuando lo necesiten. Circule por la clase para resolver dudas/preguntas.

6. Para esta actividad y las siguientes, prepare una transparencia que contenga una tabla con una columna para cada servicio, incluyendo los de la actividad siguiente. Deles unos minutos para que hagan la actividad individualmente. A la hora de corregir, escriba un servicio en cada columna. Por turnos, primero pídales la respuesta y, después, lean todos juntos la descripción del servicio y seleccionen su vocabulario específico, que irá escribiendo en su columna correspondiente.
1. d; 2. b; 3. a; 4. c; 5. h; 6. e; 7. f; 8. g.

a) Pregúnteles primero qué diferencia creen que hay entre actividad asistencial y de prevención. Luego, lea en voz alta los servicios escritos en la transparencia y pregúnteles a cuál corresponde cada uno. Márquelos con "A" o "P" según corresponda. Asistenciales: 2, 3, 4, 5, 6, 7; preventivas: (5, 6, 7), 8.

7. Repita el procedimiento de la actividad anterior. Intente que la tabla de servicios y su vocabulario correspondiente ocupe una sola página.
Respuestas: 1. matrona; 2. rehabilitación; 3. Fisioterapia; 4. Odontología; 5. Trabajo social.

8. Lea en voz alta las palabras del recuadro. Pregunte por turnos la respuesta y escríbala en la tabla, en el servicio que le corresponda.
Respuestas: 1. matrona; 2. terapeuta; 3. fisioterapeuta; 4. odontólogo; 5. trabajador social. Guarde la tabla para la actividad 1 de la Ficha 2.1.3.1.

FICHA 2.3.

En esta ficha se comenta la organización de la Atención Primaria de Salud en general y la jerarquía del EAP. Para más información sobre este tema, puede consultar la *Ley 14/1986, de 25 abril 1986, GENERAL DE SANIDAD. (B.O.E. núm. 102, de 29 de abril), TÍTULO III. De la estructura del sistema sanitario público.*
Pida a sus alumnos que lean en voz alta por turnos la información del recuadro. Indique que a la Zona Básica de Salud (o Zona de Salud) también se le denomina Área Básica de salud (ABS). Sugiérales elaborar una lista con acrónimos e iniciales: APS, ABS, EAP, etc.

1. Pídales a sus estudiantes que justifiquen su respuesta, pues puede haber varias respuestas válidas. El EAP es el primer contacto de los ciudadanos con el Sistema de Salud, así que es importante que mantenga una estrecha comunicación con la población del área que atiende y a sus necesidades específicas. "Lenguaje común con la población."

2. Sin mirar el libro, pregunte a sus alumnos si recuerdan qué profesionales se mencionaban en la descripción de servicios. Algunos pueden ya estar escritos en la tabla de servicios de las actividades anteriores. Si recuerdan alguno, pregúnteles en qué servicio y escríbalo. Cuando ya no recuerden más, si falta alguno, deles unos minutos para releer la actividad 6 (ficha 2.2.) y añadirlo. Respuestas: pediatra, médico de familia, enfermera, personal de recepción (recepcionista) y administrativo (secretaria), trabajador social.

3. Deles unos minutos para que hagan esta actividad individualmente. Al corregir, pídales por turnos que lean en voz alta el texto. 1. demanda; 2. recepción; 3. diagnóstico; 4. prevención; 5. servicios; 6. periódicas.

FICHA 2.4.

Pida a un/a estudiante que lea en voz alta la información del recuadro. Recuerde la diferencia entre "integral" e "integrada" que han visto al principio de esta unidad. Puede encontrar más información en *www.semfyc.es* y *www.cimfweb.org* (Confederación Iberoamericana de Medicina Familiar).
Las siguientes son actividades de prelectura de los textos de la actividad 4.

1. Médico de cabecera.

2. Individualmente o en parejas, deles unos minutos para que preparen una breve lista. Con todo el grupo, pídales que lean sus listas y escriba sus sugerencias en la pizarra, que luego completará con la actividad siguiente.

3. Deles unos minutos para que lean el texto, o pueden leerlo por turnos en voz alta.
   a) Completen la lista según sea necesario.
   b) Los médicos de familia necesitan tener conocimientos más amplios y generales de Medicina, así como de otras áreas, que los médicos especialistas.

4. El objetivo de esta actividad es que organicen por escrito la información del tema y practiquen el vocabulario aprendido. Puede darles esta actividad de deberes y recoger sus textos para corregir en la sesión siguiente. Si hace esta actividad en clase, circule para resolver dudas/preguntas. Anime a sus estudiantes a utilizar el diccionario o su glosario personal, si lo tienen.

FICHA 2.5.

1. Divida a sus estudiantes en grupos pequeños. Antes de que empiecen la actividad, para darles ideas, sugiérales que piensen en una experiencia personal, una visita al médico como paciente o acompañante, y qué recuerdan positivo y negativo. Deles unos minutos para elaborar la lista. Mientras, circule por la clase para resolver dudas/preguntas, y apunte ideas que oiga en los grupos para comentar en la puesta en común.

Respuestas abiertas; escríbalas en la pizarra. Si lo desea, puede pedirles que las coloquen en orden de importancia.

3. Para esta actividad, puede hacer una transparencia con las tablas. Explique el contenido de ambas tablas. Lea los parámetros de la primera y deles unos momentos para que las observen. Luego, preséntelas la segunda tabla. Comente posibles coincidencias con la lista elaborada en la actividad anterior.

a) y b) Puede repartirlas al azar. Escriba en papelitos los nombres de las provincias y pida a un representante de cada grupo que elija dos. Durante la preparación, circule por la clase para resolver dudas/preguntas.

Deles a sus alumnos expresiones que les sirvan en la presentación para ordenar y añadir argumentos *(en primer lugar, en segundo lugar, por último, además, asimismo…)*, para destacar información *(cabe señalar, conviene indicar, debe destacarse…)*, para referirse a la información en pantalla *(tal como vemos en…, en esta tabla se puede comprobar…)* y para introducir argumentos opuestos a los anteriores *(sin embargo, no obstante, a pesar de, pero…)*.

Tome notas sobre sus comentarios/errores, para luego comentarlos con todo el grupo.

TEMA 2: INSTITUCIONES ABIERTAS. AMBULATORIOS

c) **Respuesta abierta.** Pídales que justifiquen su respuesta. Esta actividad puede dar la oportunidad para que sus alumnos conozcan más a fondo el funcionamiento de distintos sistemas de salud, y las diferencias y semejanzas con el español. Si no le da tiempo ahora, podrá comentar este tema en la actividad siguiente.

4. Haga la pregunta a sus estudiantes. Pídales que justifiquen su respuesta. Luego, pida a uno de ellos que lea en voz alta el enunciado.

a) En cada pareja de estudiantes, pídales que cada uno elija un cuadro y deles unos minutos para que lean la información. En la lectura, pídales que marquen las propuestas para solucionar el problema. Mientras realizan esta actividad, circule por la clase para resolver dudas/preguntas. Apunte sus errores para comentarlos después de la actividad, si lo desea.

b) **Respuesta abierta.** Es posible que se comenten los mismos puntos de la actividad anterior. En ese caso, pregúnteles por posibles soluciones a los problemas, y causas de los puntos positivos.

5. Ante el problema del tiempo, pregunte a sus estudiantes cómo creen que se sienten los pacientes. Luego, destaque que ambos representantes en la actividad anterior coinciden en el último punto: la colaboración del paciente. Deles unos minutos para que lean la hoja del tríptico. Encontrará el tríptico en documento pdf. en *www.universidadpacientes.org/aula-es1/*

a)

CONSEJO	APARTADO DEL TRÍPTICO
"Ponga primero las más importantes".	Preparar la visita – Escribir las preguntas antes de la visita.
"[…] si se está nervioso ante la visita o lo que le pueda decir el médico, es recomendable ir acompañado de alguien de confianza […]".	Preparar la visita.
"Una vez en la sala de espera, fíjese en cosas que le ayuden a estar cómodo: por ejemplo, si está el médico titular o es un suplente…".	En la sala de espera – Póngase cómodo. Relájese.
"Repítase a sí mismo lo que va a decir al médico: qué le pasa, desde cuándo y qué necesita".	En la sala de espera – Repase lo que va a decirle al médico.

CONSEJO	APARTADO DEL TRÍPTICO
"Se trata de hablar con su médico y explicarle el motivo de su visita".	Durante la visita – Explicar-escuchar a su médico.
"Concrete con el médico lo que ha de hacer a continuación, por ejemplo: tomar una medicación, pedir hora para hacer una prueba…".	Durante la visita – Repetir-resumir el plan de actuación.

b) Puede repartir los puntos por parejas. Aproveche para que en esta actividad repasen/trabajen el imperativo, así como las expresiones impersonales con subjuntivo e infinitivo para aconsejar (*es importante que…, es recomendable que…, es necesario que…, es mejor…, hay que…*). Circule por la clase corrigiendo y resolviendo dudas. En la puesta en común, escriba en la pizarra las respuestas. Al final de la actividad, muestre el tríptico original y compare. Destaque los recursos lingüísticos que se usan en el tríptico para aconsejar.

c) Respuesta abierta.

d) Respuesta abierta. Escriba las respuestas en la pizarra. Puede trabajar las expresiones que expresan hipótesis (e*s posible que, probablemente, a lo mejor, posiblemente*) y/o el uso del futuro. Como seguimiento de esta actividad, puede pedir que escriban un resumen breve con sus respuestas.

ACTIVIDADES RECOPILATORIAS

1. Por turnos, pídales a sus estudiantes que lean en voz alta el texto y vaya resolviendo dudas de vocabulario.
    a) Si lo desea, pueden hacer primero la actividad en pequeños grupos, para luego hacer una puesta en común. Circule por la clase, apuntando sus ideas y/o errores para comentarlos.

2. a) y b) En parejas. Circule por la clase para contestar preguntas/dudas.

	Edificio / Núm. de plantas	Habitantes de la Zona Básica de Salud	Miembros del E.A.P.	Servicios básicos ofrecidos	Otros servicios	Horario de atención
C.S. de primer nivel	Una planta.	11 000 + 4000	24 + personal de Atención continuada. (13)	Medicina de familia, Pediatría, Farmacia, Veterinario.	Fisioterapia, matrona, Salud buco-dental, Radiología, Asistencia social. Servicio de Telemedicina para las especialidades de Dermatología, Traumatología, Psiquiatría, Radiología, Cardiología y Cirugía menor.	La Atención Continuada se ofrece en dos localidades que prestan atención las 24 horas. El horario ordinario de mañana es de 8 a 15 horas, y en el de tarde hay varias modalidades que prestan atención las 24 horas.
C.S. de segundo nivel	Cuatro plantas.	250 000	46 + personal limpieza y seguridad.	Urgencias, curas, Pediatría, Fisioterapia, matrona (o comadrona), Medicina de familia y Enfermería, Centro de orientación familiar, Unidad de trastornos alimentarios, Veterinaria y Farmacia, Unidad de salud mental y Centro de drogodependencia.	Fisioterapia.	La Atención Continuada es de 15 a 22 horas los días entre semana, pasando a partir de esa hora las Urgencias al PAC del Hospital Perpetuo Socorro, al igual que los sábados, domingos y festivos las 24 horas.

LIBRO DE CLAVES DE TEMAS DE SALUD

TEMA 3
INSTITUCIONES CERRADAS. CENTROS HOSPITALARIOS

FICHA 3.1.

En esta ficha sus estudiantes van a leer un breve texto sobre las altas hospitalarias en España. Para que empiecen a pensar en el tema de los hospitales, motive a los alumnos a que definan "hospital" con sus propias palabras.

Respuesta abierta. Respuesta posible: un hospital es un lugar donde se atiende a los enfermos para proporcionar el diagnóstico y tratamiento que necesitan.

1. El sentido global y las ideas claves de un texto. Deles dos minutos de tiempo a sus alumnos para que realicen una primera lectura general al texto. Dígales que busquen las palabras o frases que les puedan ayudar a contestar a las preguntas de prelectura. Finalizados los dos minutos, pídales a sus alumnos sus respuestas, pero no las corrija. Para la pregunta a hágales comparar las causas principales de altas hospitalarias en España con las causas principales en sus países de origen.

2. Los alumnos trabajan en parejas para buscar los significados de las palabras en el primer cuadro y relacionarlas con sus sinónimos en el segundo cuadro.

    Respuestas:
    Puerperio: periodo que transcurre desde el parto hasta que la mujer vuelve al estado ordinario anterior a la gestación. Sinónimo: posparto.
    Sistema: conjunto de órganos que intervienen en alguna de las principales funciones vegetativas. Sinónimo: aparato.
    Hospitalización: ingreso de un enfermo en un hospital o clínica. Sinónimo: internamiento.

    Puede sugerir a sus estudiantes que añadan sinónimos junto a las definiciones en su glosario personal si lo están haciendo. Explíqueles cómo el aprendizaje de los sinónimos de las palabras que ya conocen les puede enriquecer el vocabulario.

3. Después de hacer las actividades 1 y 2, dele a la clase tiempo suficiente para leer todo el texto atentamente y comprobar sus respuestas a las preguntas de la actividad 1.

Respuestas a las preguntas de la actividad 1:

a) Las causas más frecuentes de altas hospitalarias en España son las enfermedades del aparato circulatorio y las complicaciones del embarazo, parto y puerperio.

b) Las tasas más elevadas de altas hospitalarias correspondieron a las Islas Baleares, Navarra, Cataluña, Aragón y Asturias. Las tasas más bajas correspondieron a Castilla-La Mancha, La Rioja, Andalucía, Canarias, Melilla y Ceuta.

c) El número de altas hospitalarias por complicaciones del embarazo, parto y puerperio ha ido creciendo en los últimos años.

4. Puede aprovechar esta actividad para que la clase hable y aprenda sobre España. Antes de hacer el ejercicio, pregúnteles a los alumnos los nombres de las comunidades autónomas españolas y escriba sus respuestas en la pizarra. Si tiene alumnos que conocen España, pídales que describan al resto de la clase las ciudades y comunidades autónomas que han visitado. Si hay alumnos que han trabajado en el sector de salud en España, pregúnteles sobre sus impresiones del Sistema hospitalario español y las diferencias entre este sistema y el de sus países. Si ninguno de sus alumnos conoce España, anímeles a que hablen de lo que saben sobre las comunidades autónomas y sus ciudades más conocidas. Después, pídales a los estudiantes que hagan el ejercicio 4 individualmente para la posterior puesta en común.
Respuestas:
1. Islas Baleares; 2. Navarra; 3. Cataluña; 4. Aragón; 5. Asturias; 6. Castilla y León; 7. País Vasco; 8. Murcia; 9. Galicia; 10. Comunidad Valenciana; 11. Madrid; 12. Cantabria; 13. Extremadura; 14. Ceuta; 15. Melilla; 16. Canarias; 17. Andalucía; 18. La Rioja; 19. Castilla-La Mancha.

5. Elija a dos o tres alumnos para hacer el resumen oralmente. Luego dígales a todos los alumnos que escriban sus resúmenes como deberes.

FICHA 3.2.

Las actividades de esta ficha presentan conceptos y vocabulario relacionados con la estructura y la administración hospitalarias.

1. Pídales a sus alumnos que describan los hospitales en sus países. Con su ayuda, haga en la pizarra una lista de las secciones en las que se dividen estos hospitales.

a), b), c) y d) Si lo cree conveniente, puede preparar una transparencia con el plano del hospital para que pueda hacer la actividad con todo el grupo, o si lo prefiere puede pedir a los estudiantes que hagan el ejercicio individualmente o por parejas.

Respuestas:
b) 1. Edificio 4. Hospitalización. Plantas 2, 3, 4 o 5. Camas.
   2. Edificio 3. Servicios centrales. Planta 1. Banco de sangre.
   3. Edificio 7. Otros servicios. Planta 1. Biblioteca.
   4. Edificio 3. Servicios centrales. Planta 2. Farmacia.
   5. Edificio 3. Servicios centrales. Planta 3. Laboratorios.

c) 1. Edificio 2. Servicios quirúrgicos. Planta 5. Anestesia y reanimación.
   2. Edificio 7. Otros servicios. Planta 2. Docencia.
   3. Edificio 6. Dirección. Planta 3. Dirección económica.
   4. Edificio 3. Servicios centrales. Planta 4. Radiología.
   5. Edificio 5. Servicios administrativos. Planta 3. Contabilidad.

d) 1. Edificio 2. Servicios quirúrgicos. Planta 3. Ginecología y Obstetricia.
   2. Edificio 1. Servicios médicos. Planta 2. Medicina intensiva.
   3. Edificio 2. Servicios quirúrgicos. Planta 1. Traumatología.
   4. Edificio 2. Servicios quirúrgicos. Planta 4. Cardiología.
   5. Edificio 1. Servicios médicos. Planta 4. Enfermedades infecciosas.

Después de la corrección del ejercicio anterior, la clase compara la lista de las secciones de los hospitales en sus países con las secciones de hospitales españoles que acaban de aprender.
Si tiene alumnos que han trabajado en un hospital, anímeles a que describan con más detalle el funcionamiento de la(s) sección(es).

2. Explique a sus estudiantes qué es un organigrama.
   a) Para comprobar que los alumnos entienden los verbos que aparecen en el organigrama, escriba los siguientes verbos en la pizarra, pídales a los alumnos verbos sinónimos y anote sus respuestas.

   Respuesta abierta. Posibles respuestas:

Verbo	Sinónimo
ostentar	mostrar
adoptar	tomar
elaborar	hacer
supervisar	observar
coordinar	organizar

Verbo	Sinónimo
controlar	comprobar
proporcionar	dar
efectuar	realizar
implantar	establecer

Los alumnos hacen la actividad individualmente o en parejas.

Respuestas:
1. Director de Hospital; 2. Director Médico; 3. Director de Enfermería; 4. Director Económico; 5. Director de Recursos Humanos.

Esta actividad puede dar la oportunidad para practicar la formación de sustantivos. Dígales a los estudiantes que conviertan los infinitivos del organigrama a sustantivos. En la puesta en común, subraye que se forman los sustantivos de la mayoría de los verbos con el sufijo -*ción* (*ostentar - ostentación, elaborar - elaboración, coordinar - coordinación, evaluar - evaluación, organizar - organización, efectuar - efectuación, implantar - implantación, sustituir - sustitución*). Hágales ver también cómo se forman los sustantivos de los demás verbos (*adoptar - adopción, dirigir - dirección, supervisar - supervisión, controlar - control, desarrollar - desarrollo, diseñar - diseño*).

b) Los alumnos hacen la actividad individualmente o en parejas.

Respuestas:
1. Subdirector Área Quirúrgica; 2. Subdirector Centros de Especialidades; 3. Subdirector Servicios Centrales; 4. Subdirector Gestión Técnica; 5. Subdirector Gestión Económica.

Pregunte a la clase cuáles de los cargos en el cuadro son de gestión administrativa y cuáles son de gestión médica. Apunte su clasificación en la pizarra.

Respuestas:
Gestión administrativa: Subdirector Gestión Técnica, Subdirector Gestión Económica.
Gestión médica: Subdirector Área Quirúrgica, Subdirector Servicios Centrales, Subdirector Centros de Especialidades.

c) Deles a los alumnos tiempo suficiente para leer el texto. Circule por la clase para resolver dudas.
Puede aprovechar este texto para repasar el uso del subjuntivo. Anime a sus alumnos a que formulen tres reglas de uso del subjuntivo a partir de los siguientes pares de frases:

- ...*lo razonable es que* la gerente de Carlos Haya *opte* por un médico de reconocido prestigio.
- ...*no parece fácil que* la gerente *se incline* por traer a un director médico de fuera.
- ...*por un médico que conozca* los entresijos del hospital y *cuente* con apoyos en las esferas sanitarias.

- ...*un director médico* de fuera, *que no pertenezca* a Carlos Haya.
- ...*con la finalidad de que* la transición entre el director médico que se va y el que llega *sea* lo menos traumática posible.
- ...*para que no surjan* conflictos en el centro hospitalario.

d) Los estudiantes debaten en parejas. Recuérdeles las fórmulas que han aprendido en una actividad del Tema 1: expresiones para dar su opinión, responder de forma afirmativa o negativa y mostrar acuerdo y desacuerdo. Circule por la clase para resolver dudas y problemas de vocabulario. Después de unos quince minutos de discusión, cada pareja elige un candidato y explica al resto de la clase por qué ha seleccionado este candidato.

Como deberes, pídales a los alumnos que escriban su propio perfil según los dos modelos en esta actividad. Explique a sus estudiantes cómo les pueden servir las siguientes frases sacadas de los modelos:

- *un / una....de reconocido prestigio.*
- *licenciado en...*
- *especialista...*
- *cuenta con...años de experiencia.*
- *cuenta con una sólida experiencia de...años.*
- *su perfil es el de...*
- *altamente cualificado.*
- *con formación y experiencia.*
- *cuenta con un Máster en... / doctorado en...*

FICHA 3.3.

En esta ficha sus alumnos van a aprender sobre algunos protocolos de los servicios de admisión en hospitales españoles.

1. Para introducir este tema, pídales a los alumnos que cierren sus libros y haga con ellos una lluvia de ideas sobre el objetivo final de los cuidados de enfermería al ingreso. Apunte sus respuestas en la pizarra. Después, dígales que abran sus libros y lean el objetivo que sirve como introducción a este ejercicio. La clase compara la frase con sus respuestas anotadas en la pizarra.
Deles tiempo a los estudiantes para hacer la actividad individualmente. Luego, corrija el ejercicio con todo el grupo.

Respuestas:
a. 4; b. 5; c. 7; d. 1; e. 6; f. 2; g. 8; h. 9; i. 3.

2. a), b) y c) Abra una discusión en grupo en torno a estas tres preguntas. Sugiérales a los alumnos que respondan según su experiencia previa como entrevistador/a o entrevistado/a.

d) Deles tiempo suficiente a sus estudiantes para que lean el texto y rellenen los huecos para la posterior corrección en grupo.
Respuestas: 1. acercamiento; 2. intimidad; 3. cuidador; 4. enfermería; 5. valoración; 6. diagnósticos.

e) Haga esta pregunta a los alumnos. Anímeles también a que añadan más sugerencias al texto.

3. a) La clase hace este ejercicio individualmente. Después, corrija el ejercicio con todo el grupo.
Respuestas: 1. d; 2. h; 3. g; 4. c; 5. a; 6. e; 7. f; 8. i; 9. b.

b) Si es posible, pídales a algunos de sus alumnos que traigan a la clase formularios similares que se utilizan en sus países para que puedan comparar su estructura y contenidos con el formulario que se utiliza en España.

c) La clase hace este ejercicio en parejas para la posterior corrección en grupo.
Respuestas:
- ¿Toma algún tratamiento? ¿Cuál? I
- ¿Como se encuentra de ánimo? H
- ¿Es alérgico a algún medicamento o comida? B
- ¿Duerme usted bien? ¿Se levanta descansado? E
- ¿Tiene dificultades para realizar las tareas de la vida diaria? D
- ¿Problemas con la vista o el oído? G
- ¿Problemas con la orina? C
- ¿Problemas con la memoria? G
- ¿Padece de estreñimiento o diarrea? ¿Incontinencias? C
- ¿Vive solo? ¿Tiene más familia? H
- ¿Precisa ayuda para ir al baño, al aseo, vestirse, ir a la calle...? C, D, F
- ¿Quiere hacernos alguna pregunta sobre algo que le preocupe? J

d) Divida la clase en parejas. Las parejas deciden sus papeles, inventan y practican sus diálogos y los representan en frente de la clase. Dé cinco minutos para cada presentación.

e) Deles a los alumnos esta actividad de deberes y recoja sus textos para corregir en la sesión siguiente.

ACTIVIDADES RECOPILATORIAS

Los alumnos leen el texto utilizando la técnica de lectura rápida. Pídales que piensen en redes de hospitales o centros sanitarios que han tenido éxito en sus países y pregúnteles cómo creen que lo han conseguido.

1. Divida la clase en dos grupos: uno de directores de Recursos Humanos y otro de profesionales del sector sanitario interesados en los puestos de trabajo. Deles a los directores el modelo de anuncio de trabajo y a los profesionales el modelo de carta de presentación. Dirija la atención de los alumnos a la estructura de estos textos y a las expresiones que aparecen en ellos. Dedique algunos minutos para esta exposición. Después, dígales a todos que escriban sus textos (anuncios o cartas) ayudándose unos a otros. Circule por la clase para resolver dudas. Al final de la clase, recoja los textos de los alumnos. En la siguiente sesión, divida la clase en parejas compuesta por un director y un profesional. Pida a cada alumno que corrija el texto escrito por su compañero. El trabajo de corrección mutua le facilita a cada miembro de la pareja la identificación del error y le ayuda a aprender de los propios errores.

Modelos de textos

Anuncio de trabajo

Importante hospital ubicado en BARCELONA y perteneciente a la mayor red privada de hospitales en España precisa

ENFERMERO / A

Requisitos:
- Es imprescindible disponer de titulación en Enfermería.
- El candidato deberá acreditar experiencia mínima de tres años en alguna área de hospitalización.
- Se requiere disponibilidad de horario para trabajar en turnos.
- Buscamos una persona adaptable y apasionada con excelente actitud de servicio.

Se ofrece:
- Contrato laboral indefinido.
- Remuneración a convenir.

Las personas interesadas pueden remitir su C.V. por correo ordinario al Apartado 12345-08080 BARCELONA.

Carta de presentación

Enrique Rodríguez Muñoz
Carrer del Camp, 16 1.º 2.ª
08021 Barcelona

USP Hospitales
Apartado de Correos
12345-6789
Barcelona

Barcelona, 18 de abril de 2008

Muy señores míos:

Me dirijo a ustedes a fin de ofrecerles mis servicios como enfermero de su hospital.

Soy licenciado en Enfermería y desde hace seis años trabajo para varios hospitales como enfermero en diferentes áreas de hospitalización. Soy una persona adaptable y dinámica con total disponibilidad para trabajar en turnos.

Les adjunto mi C.V. para que tengan más información sobre mi experiencia profesional. No duden en ponerse en contacto conmigo para cualquier explicación más detallada.

Quedo a la espera de sus noticias.

Atentamente,

Enrique Rodríguez Muñoz

TEMA 4

ATENCIÓN SANITARIA URGENTE

FICHA 4.1.

1. y 2. La respuesta es libre, pero una posible solución sería la definición dada en el siguiente punto 2, que realiza un contraste entre urgencia y emergencia:

"Se entiende por urgencia médica aquella situación que se inicia rápida, aunque no bruscamente, que precisa de una pronta asistencia (horas) y puede presentar un componente subjetivo. Puede tratarse de situaciones sin riesgo vital inmediato, pero que pueden llegar a presentarlo si no se diagnostican y tratan de forma precoz".

"Se entiende por emergencia médica aquella situación que se inicia o aparece bruscamente y que precisa asistencia inmediata (minutos) y que es objetivable. Presenta un riesgo vital o de función básica que obliga a poner en marcha recursos y medios especiales para prevenir un desenlace fatal".

3. La respuesta es libre, ya que todos los factores son definitorios e igualmente importantes, si bien el factor tiempo parece primar en muchos casos. Oriente la pregunta haciendo que los alumnos "discutan" entre ellos, utilizando expresiones del tipo:

Opinión	Acuerdo	Desacuerdo
– Pues yo creo que... – En mi opinión... – Para mí... – No hay duda de que... – –	– Estoy de acuerdo... – Sí, por supuesto... – Tienes toda la razón... – Opino igual que tú... – Sí, sin duda alguna... – –	– No estoy de acuerdo... – No, ni hablar... – Yo creo que no tienes razón... – No soy de la misma opinión... – Sin embargo, yo diría que... – –

4. Los razonamientos son libres.
EMERGENCIA: Parada cardio-respiratoria; Pneumotorax; Hipertensión arterial.
URGENCIA: Tuberculosis; Obstrucción intestinal; Neumonía.

5. a)
1. **Colarse:** no respetar el turno, pasar por delante sin esperar su turno, introducirse a escondidas o sin permiso en alguna parte.
2. **Saltarse a la torera:** no respetar las normas, soslayar una obligación o compromiso.
3. **Hacer un flaco favor:** no ayudar, entorpecer.
4. **Desbordamiento:** acción y efecto de desbordar, rebasar el límite de lo fijado o previsto.
5. **Medir por el mismo rasero:** con rigurosa igualdad, sin la menor diferencia.

b) 1: F; 2: V; 3: F; 4: F; 5: V; 6: F; 7: V; 8: F; 9: V; 10: F.

c) Respuesta: C.

d) Los perjucios son muchos y afectan tanto al personal como a los pacientes.
El colapso de Urgencias en último extremo es lo peor, ya que los pacientes graves tienen prioridad, pero se pueden producir serios problemas para atenderlos adecuadamente debido a la falta de personal y/o espacio adecuado. Eso sería el caso extremo, pero una simple afluencia excesiva retrasa los tiempos y, precisamente son, a veces, los pacientes menos graves –que por ello son delegados a interminables esperas– los que pierden la paciencia y crean problemas añadidos y absolutamente innecesarios.
No es extraño que el personal llegue a sufrir agresiones verbales o incluso físicas.

e) Las listas de espera en la Seguridad Social son realmente una lacra de nuestro Sistema Sanitario, que por otro lado es uno de los mejores de Europa. Solo si se trata de una urgencia o emergencia el paciente es atendido con celeridad. En caso contrario, la espera puede ser tan larga que dé lugar a una situación de urgencia. Incluso, se han dado casos en los que la atención ha llegado demasiado tarde, ya que el tratamiento ha sido inadecuado por no haberse recibido directamente del especialista, o por no haberse detectado a tiempo un problema grave a la espera de serle realizadas las pruebas que solo el especialista debe solicitar o realizar.
Puede aprovechar para preguntar y contrastar cómo son los Sistemas Sanitarios de los diferentes países de procedencia de los alumnos.

f) Son las razones aducidas anteriormente las que, en muchas ocasiones, llevan a los pacientes a acudir a los servicios de Urgencias con el fin de ser atendidos lo antes posible. Pero, no siempre es justificable saltarse la lista de espera por ese procedimiento, ya que en la mayoría de los casos no se trata de algo grave.

g) Respuesta libre.

h) Respuesta libre, aunque puede aprovechar para contrastar los diversos sistemas.

i) Respuesta libre. Primero, alumno por alumno, después, haga una puesta en común.

j) 1: Valoración inicial general del paciente e Historia Clínica; 2: Exploración física; 3: Iniciar tratamiento; 4: Pruebas complementarias; 5: Información al enfermo y a los acompañantes.
El orden expuesto se seguirá siempre y cuando la situación del enfermo lo permita. En los casos de los enfermos críticos, inestabilidad o en situaciones especiales, se deberá adaptar ese orden a las circunstancias.
Si las respuestas dadas por los alumnos no han seguido exactamente el orden anterior del punto a, pida a sus alumnos que expliquen en qué se han basado para dar la secuencia que ellos han dado y que contrasten entre todos las coincidencias y diferencias.

FICHA 4.2.

1. a. 3; b. 4; c. 5; d. 1; e. 2

2. Definiciones según el diccionario de la RAE.

1. Febrícula	Hipertermia prolongada, moderada, por lo común no superior a 38°C, casi siempre vespertina, de origen infeccioso o nervioso.
2. Ahogo	Sentir sofocación o aprieto en el pecho por falta de aire.
3. Taquicardia	Frecuencia excesiva del ritmo de las contracciones cardíacas.
4. Desmayo	Desfallecimiento de las fuerzas, privación de sentido.
5. Palpitación	Latido del corazón, sensible e incómodo para el enfermo, y más frecuente que el normal.
6. Fatiga	Pérdida de la resistencia mecánica de un material, al ser sometido largamente a esfuerzos repetidos.
7. Aturdimiento	Estado en que los sonidos se confunden y parece que los objetos giran alrededor de uno mismo.
8. Tos	Movimiento convulsivo y sonoro del aparato respiratorio del ser humano.

9. Insomnio	Vigilia, falta de sueño a la hora de dormir.	
10. Pulso	Latido intermitente de las arterias, que se percibe en varias partes del cuerpo y especialmente en la muñeca. También: parte de la muñeca donde se siente el latido de la arteria.	

3.

PACIENTE	SÍNTOMAS	ZONA A LA QUE DERIVAR
Mujer de 25 años.	Palpitaciones, pulso acelerado, sensación de ahogo, opresión y malestar torácico, tensión muscular, sensación de aturdimiento, fatiga e insomnio.	Zona de consulta rápida (box rápido).
Varón de 67 años.	Vómitos, sudoración, pérdida de consciencia y desmayo. Diabético.	Zona de críticos-reanimación y/o zona de box lento.
Niño de 4 años.	Febrícula, piel enrojecida, falta de apetito y tos constante.	Zona de consulta rápida (box rápido).
Mujer de 85 años.	Taquicardia, mareos, presión arterial: 23-11, visión borrosa y náuseas.	Zona de box lento.
Varón de 17 años.	Traumatismo grave en cabeza y tórax como consecuencia de un accidente de moto, falta de consciencia.	Zona de críticos-reanimación.

Posibles respuestas: antes de derivar a un lugar u otro al paciente, se debería tener claro si esos son síntomas claros o no de un problema concreto:
- Síntomas de ansiedad: palpitaciones, pulso acelerado, sensación de ahogo, opresión y malestar torácico, tensión muscular, sensación de aturdimiento, fatiga e insomnio.
- Síntomas de crisis diabética: vómitos, sudoración, pérdida de consciencia y desmayo.
- Síntomas de infarto: dolor en el pecho y brazo izquierdo, falta de aire, sudoración, palidez, náuseas y/o vómito.
- Síntomas de gripe: febrícula o fiebre alta, piel enrojecida, falta de apetito y tos constante.
- Síntomas de catarro común: febrícula, piel enrojecida, falta de apetito y tos constante.
- Síntomas de hipertensión arterial: taquicardia, mareos, presión arterial: 23-11, visión borrosa y náuseas.
- Ejemplo de accidente traumático: traumatismo grave en cabeza y tórax como consecuencia de un accidente de moto, falta de consciencia.

FICHA 4.3.

1. 1: MIR; 2: intrínsecas; 3: especialista; 4: asistencial; 5: situaciones; 6: decisiones; 7: altas; 8: guardia; 9: general.

2.

Funciones	Residente de 1.er año	Residente de 2.º y 3.er año	Residente de 4.º y 5.º año
1. Supervisar a los residentes de 1.er año asumiendo además sus funciones.			X
2. Llevar el control y responsabilidad de la urgencia bajo la supervisión del médico adjunto.			X
3. Estar capacitados para realizar la clasificación de los pacientes o *Triage*.		X	
4. Realizar una Historia Clínica y una completa exploración del paciente haciendo una valoración inicial de su situación.	X		
5. Rellenar los protocolos existentes en Urgencias, los documentos de consentimiento y los partes judiciales que se requieran.			
6. Emitir un juicio clínico de presunción.	X		

FICHA 4.4.

1. Errores: 1: *no* urgentes (línea 1); 2: según las necesidades del *socorrista* y de los conocimientos de la *víctima* (línea 3); 3: parada e infarto *cilíacos* (por cardiacos) (línea 7); 4: *haciendo un pulso* (por tomando el pulso) (línea 20).

2.

	Similitudes	Diferencias
Urgencia	Carácter inmmediato.	– Inicio rápido, aunque no brusco. – Componente subjetivo. – Sin riesgo vital inmediato.

	Similitudes	Diferencias
Emergencia	Existencia de un riesgo que puede ser vital o no.	– Inicio inmediato. – Componente objetivo. – Riesgo vital inmediato. – Precisa de recursos especiales.
Primeros Auxilios	Contribuir a preservar la vida, o a evitar complicaciones mayores.	– Asistencia no necesariamente profesional.

La respuesta que se ofrece aquí no pretende ser exhaustiva porque lo importante es contrastar las respuestas de los alumnos, dado que ellos ya han visto y trabajado en diferentes ocasiones las definiciones de urgencia, emergencia y primeros auxilios y lo que pretende es comprobar si han asimilado bien el vocabulario y si lo saben utilizar o no.

3.
A	B	C	D	E	F	G
4	7	6	1	3	5	2
c	g	b	d	f	e	a

4. a) Respuesta libre.

b) Respuesta libre que debe contrastarse con las diferentes opiniones de los alumnos.

c) Para evitar el peligro que supone la lesión medular: dañar los nervios y sus conexiones, que es lo que provoca la parálisis.

d) En algún caso no se tuvo en cuenta la afección pulmonar y consecuente dificultad para respirar. En este caso, el yeso en el pecho aumentaba la sensación de ahogo y casi le cuesta la vida al paciente.

e) Literalmente, tetraplejia significa la parálisis en los 4 miembros. Es el resultado de una lesión medular dentro de la región del cuello de la columna vertebral. Las consecuencias suponen: pérdida de sensación y movimiento en los brazos, piernas y tronco, así como de las funciones de la vejiga y del intestino.

Las capacidades funcionales varían según los diversos niveles de lesión de la médula espinal. Tales niveles corresponden a las áreas de la médula espinal cervical llamadas como C1, C2, C3, C4, C5, C6, C7 y C8.

El resultado funcional y potencial de la persona será peor, en general, cuanto más alto sea el nivel de la lesión. Por ejemplo, cualquier lesión sobre el nivel C-4 puede precisar ventilación asistida para respirar; una lesión C-5 suele permitir control de hombro y bíceps, pero no la muñeca o la mano, mientras que lesiones C-6 rinden generalmente con el control de la muñeca, pero sin la función de la mano. Es por ello que el nivel de la lesión es muy significativo para predecir qué partes del cuerpo pueden ser afectadas.

Realmente la tetraplejia es el límite entre la silla de ruedas, que da una cierta "independencia", y la cama. Si bien, una vez sentados sobre una silla eléctrica, el grado de independencia puede variar bastante, no solo en cuanto a la posibilidad de controlar los propios desplazamientos, sino también la posibilidad de realizar actividades, como comer, beber, escribir en un ordenador (todo con ayuda o no de células artificiales). El hecho de estar incorporado facilita mucho las cosas.

A las limitaciones provocadas por la propia tetraplejia debe sumarse una serie de problemas y posibles enfermedades propias de la inmovilización y del estado tetrapléjico: infecciones de la zona urinaria, espasticidad, dificultades de respiración, problemas del intestino, presión arterial errática, mala regulación de la temperatura corporal, cambios del peso, problemas de sexualidad/fertilidad, perdida de reflejo, ruptura de la piel y depresión.

f) Respuesta libre.

g)

Frase	Significado
1. En un abrir y cerrar de ojos.	En muy poco tiempo.
2. Arrimar el hombro.	Ayudar.
3. En un santiamén.	En muy poco tiempo.
4. Caer la noche.	Anochecer.
5. Valer la pena.	Ser importante o estar bien empleado el trabajo que cuesta.
6. Estar de paso.	No ser ese el destino final.
7. Ir de mal en peor.	Empeorar más y más la situación.
8. Tener un corazón de oro.	Ser muy buena persona.
9. Sin pegar ojo.	Sin dormir.
10. Dar la espalda.	Abandonar, no ayudar.
11. Ponerse manos a la obra.	Empezar a trabajar en algo.
12. Tener ojo clínico.	Facilidad para captar una circunstancia o preverla.

Para reforzar y fijar en la memoria el significado y uso de las expresiones idiomáticas utilizadas se puede utilizar el siguiente juego recortable de tarjetas que deberán emparejarse. Para otras posibilidades de juego, mirar en la clave de la unidad 6. Alguna de las expresiones dadas aquí, también aparecen en la 5 y, por tanto, en la 6, verbigracia: "sin pegar ojo" y "tener ojo clínico".

Frase	Ejemplo
1. En un abrir y cerrar de ojos.	Le curó la herida **en un momento**.
2. Arrimar el hombro.	Todos debemos **ayudar** en caso de emergencia.
3. En un santiamén.	Se cayó y se rompió el pie **en un instante**.
4. Caer la noche.	La cena se sirve al **anochecer**.
5. Valer la pena.	**Nunca está de más** comprobar el alcance de la lesión con una radiografía.
6. Estar de paso.	Lo siento, pero no voy a quedarme aquí, **solo estaré el tiempo necesario, porque voy a Valencia**.
7. Ir de mal en peor.	Si no toma usted la medicación **cada vez se sentirá peor**.
8. Tener un corazón de oro.	Es que mi médico **es una bellísima persona**.
9. Sin pegar ojo.	Estoy cansado porque con este estrés **apenas he podido dormir**.
10. Dar la espalda.	Nadie me hizo caso, y cuando más lo necesitaba incluso la enfermera **me falló**.
11. Ponerse manos a la obra.	Bueno, ya hemos hablado bastante, así que ahora todo el mundo **a trabajar**.
12. Tener ojo clínico.	Es un médico con un **conocimiento e intuición increíbles**. Le basta echar un vistazo para saber lo que pasa.

ACTIVIDADES RECOPILATORIAS

Hay que indicar a los alumnos que lean bien las instrucciones antes de comenzar la actividad.

La actividad en sí es libre, y el uso del material del que disponen también, aunque precise un mínimo de lógica.

Si lo desea, puede hacer fotocopias de la siguiente presentación de la actividad desarrollada desde otro ángulo, más dirigida, en la que se usará el material auténtico con más precisión.

JUEGO DE ROLES

En grupos.

Papeles o roles:
- Dos médicos/as residentes (de diferente año).
- Personal sanitario auxiliar (enfermera/o, celador, etc.).
- Paciente.

Elegid uno de los pacientes siguientes:

   a) Paciente politraumatizado. Se trata de una persona joven de 28 años que ha sufrido un accidente de moto y entra en Urgencias inconsciente.
   b) Paciente con un posible cólico nefrítico. Se trata de una persona de mediana edad que entra en Urgencias con fuertes dolores abdominales, micción muy frecuente, náuseas, vomitos y tiritera.

1. Cread el diálogo correspondiente entre médico y paciente.
2. Decidid qué categoría tiene/n el/los médico/s.
3. Utilizad al menos 5 expresiones de las que han aparecido en el caso. Representad vuestro papel lo más creíblemente posible.
   Podéis utilizar y completar la documentación real que se os proporciona a continuación.
   Primero, deberéis buscar entre todos el significado de las abreviaturas y palabras que no entendáis.

TEMA 4: ATENCIÓN SANITARIA URGENTE

TEMA 5
ESPECIALIDADES MÉDICAS (I)

Este es el primero de los dos temas centrados en diversas especialidades médicas. Se ofrece una introducción al principio de esta unidad del tema en general y luego se tratan cuatro especialidades.
Antes de empezar, puede escribir en la pizarra "especialidad médica" y pedir a sus estudiantes que lo expliquen con sus palabras. Luego, lea el texto inicial del tema.

1. Lea en voz alta el nombre de cada especialidad y pida a sus estudiantes que lo repitan. Para esta actividad, puede llevar una transparencia de los órganos y/o sistemas del cuerpo humano para ir marcándolos a medida que hacen el ejercicio y repasan vocabulario.
Respuestas: 1. c; 2. e; 3. b; 4. f; 5. a; 6. d; 7. h; 8. g. Después, con toda la clase, vaya preguntando y escribiendo en la pizarra el nombre de cada especialista. Pida a sus estudiantes que lo repitan en voz alta.
A medida que va desarrollando el ejercicio, puede hacer columnas en la pizarra con las especialidades y escribir vocabulario relacionado que pueda ir surgiendo.

2. En parejas. Deles unos minutos para esta actividad. Circule por la clase para resolver dudas de vocabulario. Luego, pídales que las lean en voz alta por turnos y, si tiene la transparencia del cuerpo humano, vaya marcando los órganos y/o sistemas del cuerpo que le vayan diciendo. Encontrará una lista completa de especialidades en *http://www.yoteca.com-/pg/glosario-de-especialidades-medicas.asp*

3. En esta actividad puede repasar y ampliar la formación de terminología médica que se presenta en el tema 1. P. ej., recordar que *-itis* indica *inflamación*, etc. En parejas, deles unos minutos a los estudiantes para que busquen las palabras en el diccionario o en Internet. Puede dar pie para introducir más vocabulario.
Respuestas: 1. neumólogo; 2. alergólogo; 3. cardiólogo; 4. cardiólogo; 5. otorrinolaringólogo; 6. oftalmólogo; 7. neumólogo; 8. otorrinolaringólogo.

FICHA 5.1.

1. Con todo el grupo. Posibles respuestas: *ojuelo, ocular, oculista, vista, visual, conjuntiva, córnea, iris, pupila, cristalino, retina*, etc. Para el ejercicio, puede utilizar una transparencia con las partes del ojo.

2. Deles unos minutos para hacer el ejercicio. Durante el mismo, muestre la transparencia con las partes del ojo. Para corregirlo, puede pedir a un/a voluntario/a que vaya marcando las partes del ojo en la transparencia mientras lee las soluciones del ejercicio.
Respuestas: 1. ojo; 2. córnea; 3. cristalino; 4. retina; 5. córnea; 6. cristalino; 7. ojo; 8. retina.

3. La agudeza visual indica el grado de capacidad del ojo para percibir los detalles del espacio, y su valoración es el método más idóneo para conocer el desarrollo de las funciones visuales.
Esta pregunta sirve para introducir la siguiente actividad. Pregunte a sus estudiantes cómo puede medirse la agudeza visual.

4. Es muy probable que todos sus estudiantes hayan hecho una prueba de agudeza visual. Explique que tienen la explicación detallada de cómo medir la agudeza visual de un paciente, pero deben ordenarla. Deles unos minutos para que hagan la actividad. Circule por la clase para resolver dudas y preguntas de vocabulario. Después de corregir, puede poner una transparencia con letras para que los estudiantes puedan hacer un juego de roles.
Respuestas: b. 3; a. 2; a. 1; b. 1; b. 2; a. 3.

5. Pida a sus estudiantes que lean por turnos y en voz alta el informe oftalmológico para así practicar la lectura de acrónimos. Vaya aclarando dudas de vocabulario. Deles unos momentos para hacer el ejercicio.
AV: Agudeza visual.
OD: Ojo derecho.
OI: Ojo izquierdo.
PIO: Presión intraocular.
BMC: Biomicroscopia.
FO: Fondo de ojo.
MOE: Motor ocular externo, nervio.
Tn: Tensión ocular.

FICHA 5.1.1.

1. Antes de hacer el ejercicio, presente y repase el vocabulario de cada tipo de trastorno (refracción, cavidad ocular, párpados y glándulas lagrimales, conjuntiva, retina). Pida a sus estudiantes que por turno lean en voz alta los distintos trastornos. Pídales que repitan aquellos con mayor dificultad de pronunciación. Puede ser ejercicio individual o en parejas. Respuestas: Trastornos de la refracción: hipermetropía, astigmatismo; Trastornos de la cavidad ocular: celulitis orbitaria, exoftalmos; Trastorno de párpados y glándulas lagrimales: orzuelo, blefaritis; Trastorno de la conjuntiva: conjuntivitis, queratoconjuntivitis; Trastorno de la retina: degeneración macular, desprendimiento de retina.
En Internet puede encontrar imágenes de alguno de estos trastornos, que podría mostrar en clase.

FICHA 5.1.2.

1. Pregunte primero si conocen el significado de "vago", porque así pueden deducir en qué consiste este trastorno. El "ojo vago" denomina el trastorno por el cual uno de los ojos no desarrolla su capacidad visual de forma correcta y plena, sin que exista una lesión ocular que lo justifique.

2. Pueden hacer esta actividad en parejas. Deles unos minutos para que expliquen con sus propias palabras esos tres conceptos. Circule por la clase para resolver dudas o preguntas de vocabulario. Después, pida a algunos estudiantes que lean sus explicaciones y vaya escribiendo vocabulario relevante en la pizarra. Lean por turnos y en voz alta el texto y vaya resolviendo las preguntas de vocabulario.

3. Puede darles esta actividad como deberes, para que puedan leer el texto que les corresponda y buscar el vocabulario. Pídales que preparen una explicación para una persona que no es experta. Para eso deberán simplificar y, si conviene, aclarar vocabulario.

a) En clase, deles unos minutos para explicar lo que hayan preparado en casa. Circule por la clase para aclarar dudas y vaya apuntando ideas o errores para comentarlos con todo el grupo. Luego, puede pedir a algunos estudiantes que lean su resumen en voz alta.

FICHA 5.1.3.

1. Primero, pregunte si saben qué es una catarata y pídales que lo expliquen. Para eso, puede ser útil tener una transparencia de las partes del ojo. Luego, puede hacer un ejercicio de vocabulario con el que poder avanzar palabras clave para cada grupo de catarata. Presente un grupo de palabras (p. ej. *madre, hereditaria, glucosa, hiperglicemia, senil,* etc.) y pregúnteles en qué grupo suponen que aparecerá. Luego, deles unos minutos para hacer la actividad. Pídales que por turnos lean en voz alta las respuestas, lo que dará la oportunidad de revisar vocabulario.
Respuestas: 1. b; 2. d; 3. a; 4. c.

FICHA 5.1.4.

Puede pedir a sus estudiantes que lean esta explicación del glaucoma y respondan a las preguntas: qué es, causas, consecuencias, tipos.

1. Deles unos minutos para hacer el ejercicio. Circule por la clase para aclarar dudas y vocabulario. Para corregir, pídales por turnos que lean la respuesta en voz alta.

Respuestas: 1. El glaucoma está causado por un aumento de la presión ocular, que es diferente de la presión arterial; 2. El glaucoma produce una pérdida de campo visual y, en casos de enfermedad avanzada, puede llegar a la ceguera irreversible; 3. El aumento de la presión ocular no produce ningún síntoma. Solo puede diagnosticarse si se mide la presión por un oftalmólogo; 4. Toda persona por encima de los 40 años debe medirse periódicamente la presión ocular; 5. La detección precoz del glaucoma se realiza si se mide la presión por un oftalmólogo; 6. Si tiene presión ocular elevada deberá ponerse gotas diariamente tal como le indique su oftalmólogo. Nunca debe abandonar el tratamiento; 7. El tratamiento quirúrgico es la vía adecuada de control del glaucoma si se realiza en su momento adecuado. Puede practicarse de forma ambulatoria con anestesia tópica sin necesidad de inyectar anestesia, con lo que no existe dolor durante la operación.

Si lo desea, puede repasar las fichas anteriores y ver en qué se diferencian estos trastornos oculares (qué son, causas, consecuencias, tratamiento, etc.). Puede hacerlo con todo el grupo y, después, pedirles que escriban un texto comparándolos.

Para ampliar este apartado, puede pedir a sus estudiantes que escojan un trastorno ocular y preparen una breve explicación para presentar en clase.

FICHA 5.2.

Lea en voz alta la explicación inicial de esta especialidad. Si es posible, prepare una transparencia en la que muestre las partes referidas en la explicación. Para trabajar vocabulario relacionado, puede pedir a sus estudiantes que, en parejas, hagan una lista de palabras relacionadas con las partes que trata esta especialidad y compartirlas con el resto del grupo.

1. Lea en voz alta las palabras del recuadro. Pídales que, en parejas, busquen el significado en el diccionario y, después, coméntelo con todo el grupo. Deles unos minutos para completar el ejercicio. Respuestas: en oído: otitis, parálisis faciales; en nariz: pólipos nasales, sinusitis; en faringo-larigne: vegetaciones, amigdalitis; en el cuello: patología tiroidea.

2. Pida a un/a estudiante que lea en voz alta el párrafo.

    a) Deles unos minutos para que hagan la lista de enfermedades. Permita el uso del diccionario, si lo necesitan.

    b) El artículo se dirige a los padres y, posiblemente, profesores, con el fin de fomentar la prevención y atención adecuadas.

c) Lea el vocabulario del recuadro en voz alta y trabaje con sus estudiantes la pronunciación de las palabras que puedan ser problemáticas. Si lo cree conveniente, puede preparar una actividad para trabajar el vocabulario del recuadro. Respuestas: 1. catarro; 2. rinitis; 3. faringitis; 4. laringitis; 5. bronquitis; 6. analgésicos; 7. antibióticos; 8. suero; 9. fiebre; 10. sinusitis.

d) Respuesta abierta. El título original es *La vuelta al cole nos acerca a la consulta*.

e) En parejas o pequeños grupos, deles unos minutos para que hagan la lista de consejos. Puede aprovechar para trabajar la forma del imperativo, o el subjuntivo con fórmulas para aconsejar y frases impersonales: *es aconsejable que…, es conveniente que…, es recomendable que…, es importante que…*, etc. Circule por la clase para responder preguntas y corregir. Luego, con todo el grupo, vaya escribiendo las sugerencias en la pizarra.

f) Explique a sus estudiantes que van a preparar un folleto explicativo que se va a repartir en las escuelas, para padres y profesores. Puede asignarles esta actividad de deberes, para que reúnan información y trabajen en el texto en la sesión siguiente. Circule por la clase para resolver dudas y corregir. Si lo desea, puede continuar esta tarea pidiéndoles que diseñen el folleto, en el que se incluirán los textos de todos los grupos.

3. Pida a un/a estudiante que lea en voz alta el texto. Respuesta: una crisis de vértigo. Para preparar la siguiente actividad, pregúnteles si alguno ha experimentado esas mismas sensaciones y qué hizo.

4. Lea los enunciados en voz alta por si hay preguntas de vocabulario. Deles unos minutos para hacer la actividad. Si tiene tiempo, puede pedir que lean por turnos en voz alta y, luego, corregir las respuestas de V/F. También puede asignarlo como deberes y comentarlo en la sesión siguiente.
Respuestas: 1. F; 2. V; 3. F; 4. V; 5. V.

5. Lea en voz alta las expresiones. Deles unos minutos para hacer el ejercicio. Como actividad de seguimiento, puede pedirles que elijan algunas expresiones y preparen un diálogo en una consulta (médico/paciente) en el que las usen. Luego, pídales que lo representen ante el resto del grupo. Respuestas: 1. g; 2. e; 3. b; 4. a; 5. c; 6. h; 7. f; 8. d.

FICHA 5.3.

Pida que por turnos lean en voz alta el texto. Muestre una transparencia del sistema respiratorio y trabaje el vocabulario.

1. Esta actividad es para repasar vocabulario. Escriba lo que digan sus alumnos en la pizarra.

2. Respuesta abierta. Pídales que comenten los síntomas y escríbalos en la pizarra.

3. En parejas. Mientras hacen la actividad, circule por la clase para resolver dudas y preguntas de vocabulario. Apunte los errores en la pizarra. Puede pedirles que vayan escribiendo frases comparando ambas patologías. Corrija con todo el grupo en voz alta. Puede aprovechar para trabajar fórmulas de comparación (*en cambio, en lugar de…, al igual que…, a diferencia de…, más… que…, mayor, menos… que…, menor,* etc.).

FICHA 5.3.1.

Pida que lean por turnos en voz alta. Muestre una transparencia del sistema respiratorio.

1. a) Deles unos minutos para que piensen en las causas. Luego, con todo el grupo, pídales que las digan en voz alta y vaya escribiéndolas en la pizarra.

   b) Respuesta abierta.

   c) Puede darles unos minutos para que lean el texto o pedirles que lo lean por turnos en voz alta. Al finalizar, compare la información de la pizarra con la que ofrece el texto y complete la lista de causas, si es necesario.

2. Puede asignar esta actividad de deberes. Si se hace en clase, circule por la clase para resolver dudas y corregir. Aproveche para trabajar conectores (*primero, en primer lugar, luego, después, además, finalmente,* etc.) y/o las fórmulas para dar instrucciones (*tener que, deber* y el imperativo). Respuestas: 3, 2, 1, 6, 5, 7, 4, 8. Puede obtener el folleto completo en *http://www.separ.es/publicaciones/consensos.html*

FICHA 5.4.

1. Pida a sus alumnos que lean las disciplinas por turno en voz alta. Puede mostrar una transparencia de un diente y presentar el vocabulario de sus partes.

2. Respuesta abierta. Escriba en la pizarra el vocabulario nuevo.

3. La caries se inicia con una erosión de la capa externa del diente, el esmalte, producida tras la formación de una placa dentaria que en su inicio puede ser una acumulación de azúcar u otros hidratos de carbono.

4. Antes de leer, escriba en la pizarra "sacamuelas" y pregunte a sus estudiantes su significado. Luego, explique la palabra y su carácter peyorativo. Otros ejemplos: médico-matasanos, psiquiatra-loquero, etc. Puede asignar la lectura del texto y sus actividades postlectura para deberes y corregir en la sesión siguiente. Después de leerlo, pregúnteles cuál es el tono del texto y por qué.

a) diente, muela, boca, dolor de muelas, encía, extracción de la muela, etc.

b) Respuesta abierta.

c) Puede ponerlos en grupos para que comenten sus respuestas y, después, compartirlas con el resto del grupo. Circule por la clase y apunte sus ideas, para luego comentarlas.

5. Puede asignar la lectura del texto y sus actividades postlectura para deberes y corregir en la sesión siguiente.

a) Puede inducir una respuesta inmune que inhiba la colonización bacteriana y la formación de nuevas lesiones cariosas; sería un medio barato de prevención, muy útil sobre todo en lugares con insuficiente personal.

b) Escepticismo en la comunidad científica, por lo que se puede rechazar su uso; estamos cerca de descubrir la vacuna, pero todavía quedan muchos años de investigación.

c) Respuesta abierta. Puede formar dos grupos, a favor del sí y del no, para que debatan la cuestión. Vaya escribiendo el vocabulario nuevo que surja en el debate.

6. Deles unos minutos para que ambos tomen notas que puedan consultar cuando representen el diálogo. Circule por la clase para resolver dudas de vocabulario. Recuérdeles que es un diálogo, en el que el doctor deberá preguntar si lo considera necesario. Puede hacer que por turnos varias parejas lo representen ante el resto del grupo, o todas las parejas de forma simultánea. En el segundo caso, circule por la clase y apunte sus errores, para luego comentarlos con toda la clase.

Si desea ampliar esta actividad, al finalizar los diálogos, pida que cada uno escriba un breve texto sobre lo que le ha dicho el médico/paciente, para trabajar el estilo indirecto. También puede hacer esta actividad con todo el grupo.

ACTIVIDADES RECOPILATORIAS

1. Antes de leer el texto, pregunte a sus estudiantes si recuerdan qué era la ambliopía (ojo vago). También, pregúnteles qué puede significar "terapia oclusiva". Pídales que por turnos lean el texto en voz alta. Luego, deles unos minutos para responder las preguntas. Corrija con todo el grupo y escriba en la pizarra el vocabulario nuevo.

   a) Poner un parche sobre el ojo que no está afectado, para potenciar la actividad del "ojo vago".

   b) No reaccionan bien.

   c) Unos niños tenían que llevar el parche durante seis horas y otros, durante doce.

   d) Requieren menos oclusión (por debajo de las tres horas) que los mayores para que el tratamiento sea eficaz.

2. Para esta actividad, puede hacer tarjetas y repartirlas entre sus estudiantes. Luego, marque tres zonas de la clase con los carteles de las tres especialidades y pídales que vayan a la zona que les corresponde. Respuestas: odontología: caries, extracción, ortodoncia, empaste, dentadura postiza, muela, raíz; otorrinolaringología: tímpano, cerumen, zumbido, sordera; oftalmología: cataratas, miopía, lente, visión, retina, córnea, cristalino.
   Una vez finalizada, puede hacer un ejercicio de repaso de vocabulario. Puede pedir a cada grupo que amplíe la lista de vocabulario de su especialidad y luego, la lea en voz alta. Si lo desea, puede pedir a todo el grupo que elabore una lista de vocabulario relacionado con la neumología.

TEMA 6
ESPECIALIDADES MÉDICAS (II)

FICHA 6.1.

1. Se puede comenzar con el siguiente juego:

1. Escriba la palabra CORAZÓN en mayúsculas en el centro de la pizarra, rodéela y trace líneas alrededor para ir completando con las palabras que los alumnos irán diciendo.

2. Pídale a un alumno cualquiera que diga la primera palabra que le venga a la mente relacionada con corazón. A continuación deberá hacer lo mismo el alumno sentado a la derecha de aquel y así sucesivamente, y lo más rápidamente posible. Deben completar una cadena con un mínimo de 12 palabras diferentes. Si el número de alumnos es menor, deberán repetir turno.

A continuación, pídales que contesten a las preguntas **1** y **2** entre todos. Vaya preguntando a unos y a otros y compruebe cuántas palabras de la pizarra se corresponden con sus respuestas.
Ahora es el momento de contestar y comprobar la **3**. Será interesante contrastar las palabras de la pizarra con las de la definición de cardiología.

4. 1. c; 2. e; 3. f; 4. d; 5. g; 6. a; 7. b.

5. Cardiología no invasiva: 1, 2. Cardiología invasiva: 3, 4, 5.

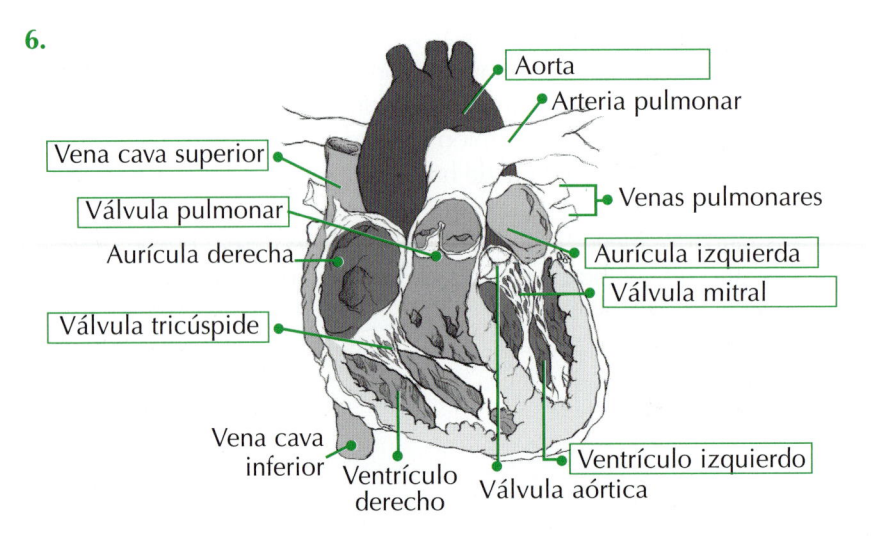

6.

- Aorta
- Arteria pulmonar
- Vena cava superior
- Válvula pulmonar
- Aurícula derecha
- Válvula tricúspide
- Venas pulmonares
- Aurícula izquierda
- Válvula mitral
- Vena cava inferior
- Ventrículo derecho
- Válvula aórtica
- Ventrículo izquierdo

7. Comente a sus alumnos que según estudios realizados en EE.UU., se estima que cerca del 60% de los fallecimientos en mujeres adultas de países desarrollados y el 50% en los países de desarrollo son debidos a enfermedades cardiacas.

A continuación, pídales que comenten entre todos la pregunta de la prelectura: ¿Son iguales el corazón del hombre y de la mujer? Pida que salgan a la pizarra los dos alumnos que más contundentes hayan sido al tomar partido por una respuesta u otra. Dibuje un símbolo positivo (+) y otro de negación (-) y trace una línea entre ambos. Se trata de lograr que se interesen lo suficiente por el tema como para realizar los ejercicios siguientes con mayor soltura. Pregúnteles en qué se parecen y en qué no, y dígales que tomen notas en la pizarra.

Por último, pida a un tercer alumno que lea en voz alta la lectura. Contrasten entre todos los comentarios previos con el contenido del texto.

8. Falso: 1, 2.
Verdadero: 3, 4, 5.

9. b)

Factores modificables	Factores no modificables	Factores en estudio de ser modificables
Tabaquismo.	Sexo masculino.	Emociones y personalidad.
Presión arterial alta.	Antecedentes previos de enfermedad ateroesclerosa.	Lipoproteina elevada.
Colesterol total elevado.	Historia familiar de enfermedades de corazón.	Homocisteina elevada.
LDL-Colesterol elevado.	Edad.	Fibrinógeno elevado.
HDL-Colesterol bajo.		Infecciones.
Obesidad.		Proteina C-Reactiva.
Sedentarismo.		
Diabetes mellitus.		

10. El síntoma más común de la enfermedad cardiaca es la "angina", que suele ser descrita como un dolor, opresión o incluso quemazón. Aunque casi siempre se siente en el pecho, también puede sentirse en otras partes, como en el hombro, brazos, cuello, espalda o incluso en la mandíbula. Estos síntomas no suelen ir solos, pueden acompañarse de sensación de falta de aire, palpitaciones, náuseas, mareo, extrema debilidad, latidos saltados o sensación de que el corazón "corre". Todos estos síntomas son impredecibles y aunque como se indica en el cuadro parece que en los hombres suelen ocurrir con más frecuencia un tipo concreto de síntomas, y en las mujeres se da una sintomatología un tanto más diversa y, a veces, difícil de identificar, lo cierto, es que podrían darse puntualmente tanto en hombres como en mujeres.

Se trata de un tema controvertido, expuesto aquí con la intención de crear polémica y dar pie de este modo a una discusión animada en la clase.

Si entre los alumnos se encuentran profesionales de la Medicina u otros con opiniones diversas respecto a este tema, se puede pedir que den a conocer algún ejemplo, bien de pacientes, bien de familiares o conocidos, planteando la cuestión de modo que puedan contrastarse los datos del cuadro.

1. hombro; 2. sudoración; 3. pecho; 4. abdominal; 5. náuseas; 6. conciencia; 7. decaimiento.

11. Pida voluntarios para leer el texto en voz alta.
Escriba en la pizarra la estructura de la oración 2.ª condicional:

Si + pretérito imperfecto de subjuntivo + condicional simple

Antes de leer la respuesta del experto, pregunte si alguien ha tenido alguna experiencia similar mientras conducía, aunque estuviera relacionada con un simple mareo o malestar.
Pregúntele qué pasó o qué hizo.
A continuación siga preguntándole siguiendo el esquema de la pizarra: *¿Qué harías tú si te pasara lo que al protagonista de la historia?*
Indique que conteste conforme a la estructura: *Si yo estuviera en esa situación, llamaría por el móvil a alguien.*
Intente que los demás hagan una cadena a partir de ahí, haciendo preguntas a su vez de modo que repitan la contestación del compañero: *¿Y qué pasaría si llamaras por el móvil y no tuvieras cobertura?* Ahora debería contestar otro estudiante y así sucesivamente.

Ahora lea usted en voz alta la respuesta del experto y coméntenla entre todos respondiendo a las preguntas del punto b.

c) a. Estar hecho polvo: estar agotado, muy cansado.
b. Estar a tope: sentirse excesivamente agobiado o estresado a causa del trabajo o de algún problema.
c. Estar en el quinto pino: hallarse muy lejos.
d. Irse al otro barrio: morirse.

FICHA 6.2.

1. a) laringe y médula.

b) transporte, secreción, absorción y excreción.

c)
Sustantivo	Verbo
transporte	transportar
absorción	absorber
secreción	secretar
excreción	excretar

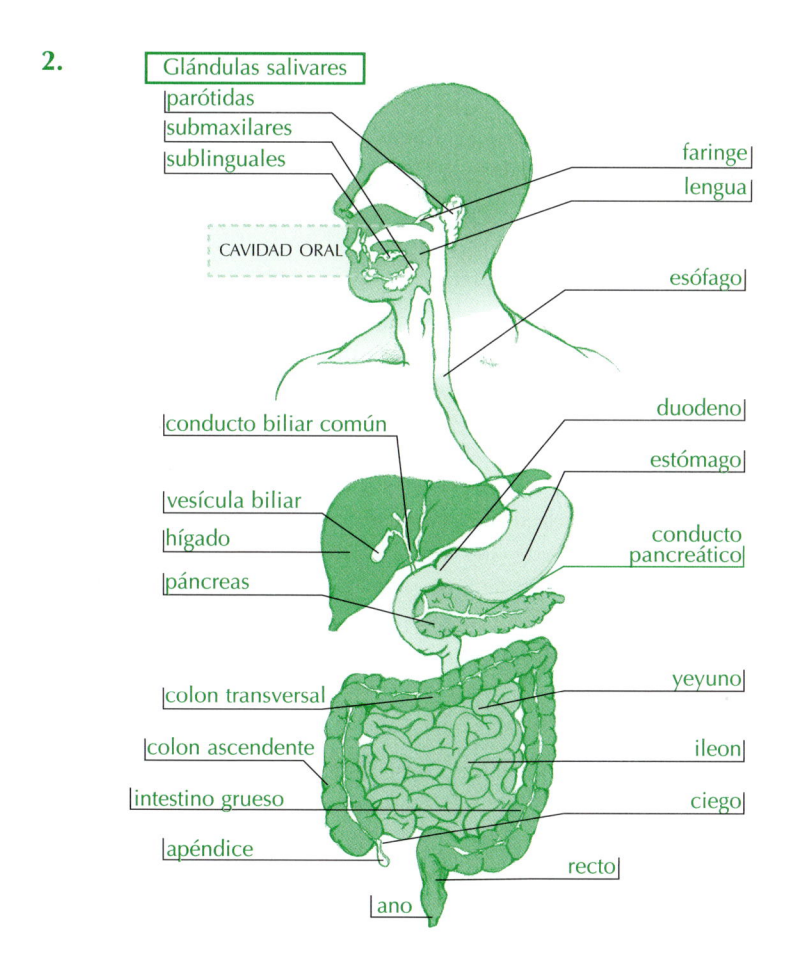

2.

- Glándulas salivares
  - parótidas
  - submaxilares
  - sublinguales
- CAVIDAD ORAL
- faringe
- lengua
- esófago
- conducto biliar común
- duodeno
- estómago
- vesícula biliar
- hígado
- páncreas
- conducto pancreático
- colon transversal
- yeyuno
- colon ascendente
- ileon
- intestino grueso
- ciego
- apéndice
- recto
- ano

TEMA 6: ESPECIALIDADES MÉDICAS (II) — 51

3. a) Sistema cardio-vascular; sistema respiratorio, etc.
b) Deglutir y defecar.
c) Constituyen el sistema nervioso entérico.
d) Respuesta libre.
e) Cerebro entérico.
f) En el intestino.

4. Pida a varios alumnos que lean el texto en voz alta por turnos.
a) Cosquillas: sensación que se experimenta en algunas partes del cuerpo cuando son ligeramente tocadas, y consiste en cierta conmoción desagradable que suele provocar involuntariamente la risa.
Entérico: perteneciente o relativo a los intestinos.
Úlcera: llaga o herida en personas o animales.
Hemorroide: tumoración en los márgenes del ano o el tracto rectal, debida a varices de su correspondiente plexo venoso.
Ataque de pánico: crisis de ansiedad.
Serotonina: neurotransmisor o transmisor del sistema nervioso.

b) a) Sin ir más lejos: por ejemplo.
b) Al cabo de la calle: estar al día, estar informado de la actualidad o de lo que pasa alrededor.
c) Buscar tres pies al gato: buscar respuestas o soluciones rebuscadas mediante reflexiones y sospechas sin demasiado fundamento.
d) A raudales: en mucha cantidad.
e) Ser como uña y carne: ser inseparables, dos cosas o personas que siempre van juntas, cuando entre ellas hay un gran vínculo o amistad.
f) Sin dormirse en los laureles: sin descuidarse o abandonarse en la actividad emprendida por haber alcanzado ya el reconocimiento (los laureles).
g) Al pie del cañón: indica que una persona permanece en actitud firme ante una situación comprometida, difícil o penosa, cuando todos los demás han abandonado.

c) Verdadero: 1, 3, 4.
Falso: 2, 5.

d) Respuesta libre.

e) La opinión del Dr. Theun Kok debe dar pie al planteamiento de las funciones intelectuales del cerebro, pero también debe introducir la siguiente actividad o juego de roles.

f) Indique a los alumnos que deben formar pareja con alguien que en las actividades anteriores haya opinado de modo diferente a ellos. Se trata de meterse en el papel lo más posible. Pero, si no se diese la posibilidad de hacer pareja con alguien que opine de modo opuesto, se intentará que se metan en los correspondientes papeles lo mejor posible.

Deberán tomar nota de todo, ya que el diálogo que compongan tendrá que ser representado lo más verídicamente que se pueda.
El cuadro les servirá de ayuda para introducir y organizar opiniones.

FICHA 6.3.

1. 1. células; 2. riñones; 3. vejiga; 4. uréter; 5. uretra; 6. urogenital.

2. a) 1. f; 2. d; 3. e; 4. b; 5. c; 6. a.
b) -ismo: actividad.
   -itis: inflamación.
   -algia: dolor.

3. HPB: La Hiperplasia Prostática Benigna, HPB (también conocida como BPH en inglés) es una condición que afecta la glándula prostática en los hombres.

a) Intrusos: 1, 5 y 10.

b) La higiene y limpieza adecuada del área genital puede ayudar a reducir las posibilidades de que algunas bacterias se introduzcan a través de la uretra. Las mujeres son especialmente vulnerables a la cistitis, ya que la uretra está muy cerca del recto.

ACTIVIDADES RECOPILATORIAS

1. Primero, pídales que hagan el test y después que contrasten sus resultados entre todos.
Después, pregúnteles qué piensan que podrían mejorar en sus hábitos y qué factores de riesgo no podrían cambiar aunque quisieran.
Por último, pídales que escriban un texto en el que deberían incluir todo lo comentado sobre el tema.
Como opción para completar la tarea, puede leer el siguiente texto como ejemplo del que ellos deberían redactar. O bien, haga fotocopias y repártalas para que contrasten después sus propias redacciones con esta.

Podría decirse que durante un infarto de miocardio parte del músculo que constituye el corazón, muere al no recibir toda la sangre que necesita para funcionar correctamente.
El corazón dispone de dos arterias para su constante alimentación, (arterias coronarias) y estas deben permitir el paso de la sangre de modo similar a como lo hacen las cañerías nuevas de una casa. Al igual que estas, si se obstruyen, no permiten la circulación. Las arterias coronarias

se estrangulan con el paso del tiempo por influencia de hábitos inadecuados como el exceso de colesterol "malo" o LDL en la sangre, alcohol, sedentarismo, hipertensión, etc.

Por ello, sabemos cómo prevenir el buen funcionamiento de nuestra circulación con buenos hábitos alimenticios bajos en grasas y colesterol malo y altos en ácidos Omega3, fibra, etc.

Los taninos del vino pueden tener un efecto antiagregante plaquetario, y además favorecen la dilatación de las arterias protegiéndonos así de trombosis, embolias, etc. Sin embargo, si se bebe en exceso, el efecto será el contrario. El alcohol ingerido en grandes cantidades, entre otras cosas, debilita las fibras musculares cardiacas, reduciendo poco a poco su fuerza de contracción y favoreciendo el infarto o la insuficiencia cardiaca.

El ejercicio físico también es un excelente hábito protector, y por supuesto controlar la hipertensión arterial, el exceso de peso y eliminar el tabaco.

La confluencia de factores agresores del corazón, como el tabaco, no solo tiene un efecto sumatorio, sino muchas veces multiplicador. Una persona que fuma y se encuentra estresada, no duplica su riesgo de infarto, sino que lo multiplica por cuatro.

En cuanto a los antecedentes familiares es importante la labor de prevención precoz en los descendientes de pacientes con enfermedad coronaria.

Los diferentes factores sociales que pueden influir en el desarrollo de la enfermedad coronaria son difíciles de cuantificar y clasificar. En general se acepta que esta tiene más incidencia en las comunidades industrializadas, pero también en estas es donde se aplican mejor las medidas de prevención secundaria.

También es muy complejo identificar los factores psicológicos de una persona que pueden influir en su riesgo cardiovascular. Clásicamente se describen como una serie de características de la personalidad tipo A: la hostilidad, la competitividad, la hiperactividad y el aislamiento personal, que pueden ser marcadores de riesgo, pero siempre actuando a través de modificaciones del estilo de vida: dieta, tabaco, sedentarismo, hipertensión, etc.

Actividad de consolidación:

La siguiente actividad tiene como objetivo practicar, y con ello consolidar, las expresiones idiomáticas aparecidas en los apartados anteriores de las unidades 5 y 6.

El juego consiste en sustituir las palabras en negrita de cada frase por la correspondiente expresión idiomática adaptada a ella.

Las tarjetas se pueden utilizar de varios modos, pero siempre habiéndolas recortado previamente o mediante fotocopias de las mismas.

1.ª opción: haga dos bloques con ellas, uno de expresiones y otro de frases. Ponga todas las tarjetas boca arriba y pídales a los alumnos que realicen la relación correspondiente, indicándoles que arreglen la expresión de modo que la frase sea perfecta. Cada estudiante, por turno, irá intentando casar una pareja de cartas, y si la frase que dice es correcta, podrá guardar las cartas. Si, por el contrario, la pareja de cartas no casa, o bien la frase es incorrecta, deberá pasar turno y permitir que el siguiente estudiante pruebe suerte.
Ganará el estudiante que más cartas tenga en su poder cuando se acaben todas las cartas de la mesa.

2.ª opción: ponga todas las cartas boca abajo y mézclelas. Se jugará como el típico *memory*: por turnos se levantan dos cartas, si creen que coinciden deben hacer la frase correcta y, si es así, se guardan la pareja y prueban con otra. En otro caso, se vuelven a girar las cartas boca abajo y los alumnos pasan el turno.

Solución: 1. no ha pegado ojo; 2. buen ojo clínico; 3. el ojo derecho; 4. son uña y carne; 5. estoy hecho/a polvo; 6. está en el quinto pino; 7. no te duermas en los laureles; 8. al cabo de la calle; 9. soy todo/a oídos; 10. cuesta un ojo de la cara; 11. se vaya al otro barrio; 12. buscar tres pies al gato.

Estar hecho polvo	Ser como uña y carne
Ser todo oídos	Ser el ojo derecho (de alguien)
Irse al otro barrio	Dormirse en los laureles
Buscar tres pies al gato	Al cabo de la calle
Tener ojo clínico	Estar en el quinto pino
Costar un ojo de la cara	No pegar ojo

1. Pablo está somnoliento todo el día porque **no ha dormido** en toda la noche, y es que padece de insomnio.	7. Aunque hayas pasado este examen será mejor que **no te relajes demasiado** porque el examen final será más fuerte.
2. Has realizado un diagnóstico fantástico, está claro que tienes muy **buenas dotes** para esto.	8. Tú siempre estás **bien informado de todo**. No importan los cambios que se hagan, ya que tú siempre sabes de qué se trata.
3. Carlos es el **preferido** del jefe, ¿no ves que siempre le tocan los mejores turnos a él?	9. Está bien, **cuéntame todo**, ahora puedo escucharte.
4. Carla y su fisioterapeuta **son como hermanas**, se han hecho muy amigas, no se separan nunca y se lo cuentan todo.	10. Montar un consultorio está muy bien, pero **es carísimo**, ¿no crees?
5. Salgo de un turno de 48 horas y **estoy absolutamente agotado**.	11. Los fines de semana los jóvenes beben y luego conducen como locos, no es de extrañar que tengan accidentes y que más de uno **se mate**.
6. Si paras el coche cada cinco minutos para ir al baño no vamos a llegar nunca, que el hospital **está muy lejos**.	12. Qué ganas tienes de **complicarlo todo**, con lo fácil que sería hablar con tu médico y hablarle claramente de tu problema.

2. 1. A; 2. B; 3. C.

TEMA 7

LA CIRUGÍA

FICHA 7.1.

Antes de hacer la prelectura de esta ficha, pregúnteles a sus alumnos qué curaciones quirúrgicas creen que se realizaban hace más de 5000 años.
Esta pregunta provocará una tormenta de ideas que usted irá anotando en la pizarra. Aproveche la ocasión para corregir todo tipo de errores que hayan aparecido, sean de vocabulario o de gramática.

1. Respuestas erróneas serían: b, d y g.

2. Haga que un alumno lea el texto en voz alta.

3. y 4. Haga que estas actividades las realicen como un trabajo individual o en parejas.
Si usted desea realizar una revisión del pretérito imperfecto en contraste con el pretérito indefinido, haga que sus estudiantes completen esta columna con los verbos aparecidos en el texto.

Pretérito imperfecto	Pretérito indefinido
poseía	experimentó
existía	empezó
encontraban	surgieron
eran	fue
estaba	constituyó
suturaban	
conocían	
trataban	
reducían	
practicaban	

FICHA 7.2.

1. Lea en voz alta a sus alumnos la definición que aparece en el libro, después pregúnteles si están de acuerdo con ella. Deles tiempo para que cada uno de ellos escriba una definición sobre lo que es la Cirugía y al finalizar el tiempo previsto cada estudiante deberá leer en voz alta "su definición". Se hará una votación entre toda la clase y ganará el alumno que más votos haya conseguido.

2. Intervención quirúrgica = operación quirúrgica; destreza = habilidad; especialidad médico-quirúrgica = rama de la Medicina que engloba a los médicos que ejercen la Cirugía; tratamiento postoperatorio = curas, medicamentos y modos de vida que ha de seguir el paciente después de ser intervenido quirúrgicamente.

3. y 4. Respuestas individuales libres y/o en grupo/s.

5. Después de leer el texto, pídales a sus alumnos que marquen todas las palabras relacionadas con la Medicina que no hayan comprendido. Dígales que las busquen en uno de los siguientes glosarios de Medicina: *http://www.glosariomedico.com/* o en *http://www.entornomedico.org/medicos/diccionario/*

6. 1. Glándulas mamarias; 2. Glándulas paratiroides; 3. Glándula tiroides. Pregúnteles a sus alumnos si conocen los nombres de otras glándulas. Pueden ver la siguiente web: *www.iqb.es/diccio/g/glandulas.htm*

7. Respuestas:
1. e; 2. c; 3. a; 4. d; 5. f; 6. e.

a), b), c) y d) Respuestas individuales libres y/o en grupo/s.

e) La Cirugía ortopédica es una rama de la Cirugía que se refiere a desórdenes del aparato locomotor, de sus partes musculares, óseas o articulares y sus lesiones agudas, crónicas, traumáticas, y recurrentes. Aparte de las consideraciones mecánicas, también se refiere a los factores de la patología, de la genética, de lo intrínseco, extrínsecos, y biomecánicos implicados; La Cirugía vascular es una disciplina médico-quirúrgica dedicada a la profilaxis, diagnóstico y tratamiento de las enfermedades vasculares, arteriales, venosas y linfáticas; La Cirugía ocular es la especialidad médico-quirúrgica que se relaciona con el diagnóstico y tratamiento de los defectos y de las enfermedades del aparato de la visión. Más información en *www.portalesmedicos.com*

8. a) 1. huesos; 2. órganos; 3. médula espinal; 4. caja torácica; 5. fractura; 6. nervios; 7. lesión; 8. hinchazón.

FICHA 7.3.

Divida la clase en dos grupos. Uno deberá escribir un listado de los tipos de anestesia usados hasta el siglo XVIII y el otro grupo desde el siglo XIX hasta nuestros días. Deles unos minutos de tiempo para que escriban el mayor número posible. Cuando usted vea que ya han dejado de escribir diga a un portavoz de cada grupo que lea en voz alta todo lo que hayan escrito. Después de leer ambos listados se comentan las ventajas y desventajas de cada uno de los tipos de anestesia expuestos. Podría señalarles que usaran expresiones que indiquen acuerdo o desacuerdo, o sorpresa o duda *(estoy de acuerdo en que…; no creo que sea la mejor opción para…; me sorprende que…; no lo veo así…* etc.).

1. 1) Anestesia local; 2) Anestesia regional; 3) Anestesia general.

2. a) Respuestas: 1. b; 2. c; 3. f; 4. g; 5. a; 6. d; 7. e.

b) Respuestas: 1. presionar; 2. anestesiar; 3. una muela; 4. cultivar; 5. ácido sulfúrico con alcohol caliente; 6. el protóxido de azoe; 7. operar.

3. Respuestas individuales libres y/o en grupo/s.

FICHA 7.4.

Al hablar de Cirugía en las actividades anteriores, a los alumnos se les puede venir a la memoria algunos nombres de cirujanos famosos de sus países. Haga que escriba cada alumno en un pequeño trozo de papel el nombre de un cirujano del que haya oído hablar o del que haya leído algo. Una vez escritos los papeles se introducirán en una bolsa.

Una mano inocente sacará un papel y leerá el nombre escrito; el alumno que haya escrito ese nombre deberá hablar cinco minutos sobre ese cirujano (su especialidad, sus métodos, su equipo médico, etc.). Al acabar el primer estudiante se hará lo mismo con el próximo y así sucesivamente hasta que todos los alumnos hayan explicado algo de un cirujano. Al resto de la clase se les permitirá formular preguntas si algo no queda claro.

1. Respuestas: 1. e; 2. d; 3. c; 4. a; 5. b.

2. 1. b; 2. d; 3. c; 4. a .a), b) y c) Respuestas individuales libres y/o en grupo/s. Ya que han aparecido 16 expresiones idiomáticas para la elección múltiple de la lectura, aproveche para trabajarlas. Primero, pregúnteles si saben lo que significan y en caso de que haya algunas dudas, resuélvalas antes de pasar a la siguiente actividad que le proponemos.

Deles como deberes que escriban pequeños diálogos en los que aparezcan algunas expresiones idiomáticas que han aparecido. Deberían usar un mínimo de 5 expresiones.

Modelo.
A) Antes de someterse a esa intervención quirúrgica no pegaba ojo.
B) No me extraña, pues esa operación no era coser y cantar, aunque luego todo salió muy bien gracias a la gran experiencia del cirujano.

FICHA 7.5.

1. Haga que cada uno de sus alumnos lea un parágrafo de la circular. Insista en la entonación y en la pronunciación especialmente de aquellas palabras relacionadas con la Medicina.

2. Respuesta libre

3. 1. Servicios de esta planta; 2. Servicios del personal sanitario; 3. Consejos para antes de la operación; 4. Información a los familiares después de la intervención; 5. Consultas médicas; 6. Avisos a los visitantes; 7. Informaciones generales.

5. Consejos a los pacientes: 1; 2; 3; 5; 7. Consejos a los visitantes: 2; 4; 5; 6. Primero haga que sus alumnos, en parejas, piensen en el motivo de haber escrito en presente de subjuntivo los verbos en negrita. Después de unos minutos, vaya preguntando a cada una de las parejas. En caso de que haya dudas usted escribirá en la pizarra un cuadro similar al siguiente:

Después de verbos de ruego, petición o deseo	Después de frases impersonales	Después de "a menos que"

Así les será más fácil ir identificando las causas del uso del presente de subjuntivo.

A continuación, haga que todos los alumnos salgan a la pizarra y completen el cuadro, que quedará de la manera siguiente:

Después de verbos de ruego, petición o deseo	Después de frases impersonales	Después de "a menos que"
no interfiera	se lesione	solicite
permanezcan	esperen	
acudan		
obremos		
utilicen		

6.

1. no interfiera	no existan obstáculos
2. permanezcan	se queden
3. utilicen	usen
4. se lesione	se hiera
5. esperen	aguarden
6. interfieran	obstaculicen
7. solicite	pida
8. obremos	actuemos

ACTIVIDADES RECOPILATORIAS

1. Posibles preguntas del alumno B.
- ¿Qué operación está recomendando?
- ¿Por qué necesito la operación?
- ¿Existen alternativas a la cirugía?
- ¿Cuáles son los beneficios de someterse a la operación?
- ¿Cuáles son los riesgos de someterse a la operación?
- ¿Qué sucede si no me operan?
- ¿Dónde se llevará a cabo la operación?
- ¿Tendré que pasar la noche en el hospital?
- ¿Qué tipo de anestesia voy a necesitar?
- ¿Cuánto tiempo necesitaré para recuperarme?

TEMA 8
TRASTORNOS DE SALUD MENTAL

FICHA 8.1.

1. Para guiar a sus estudiantes, pregunte primero cuál sería el órgano principal cuando se habla de salud/trastorno mental (el cerebro) y palabras y acciones relacionadas que se asocian con el cerebro (p. ej.: *sistema nervioso, neuronas, mente, comportamiento, conocimiento, aprender, conciencia, pensar, recordar, memoria, psicología,* etc.). Después, pregunte qué información de la vida de una persona registra/almacena el cerebro (p. ej.: emociones, vivencias, experiencias, recuerdos, sensaciones, etc.) y, finalmente, qué determina que todo eso sea diferente en cada persona (genética, biología, cultura, condiciones personales y sociales, etc.). Si lo desea, puede dibujar en la pizarra un mapa conceptual.

2. Pida a sus estudiantes que por turnos lean en voz alta el texto. Puede mostrar el texto en una transparencia y subrayar la definición de "salud mental" y la de "trastorno mental".

3. Deles unos minutos para que busquen la respuesta y la escriban. Luego, pida a algún estudiante que la lea en voz alta. Respuestas: los criterios para definir el límite entre ambos conceptos han variado según enfoques teóricos a lo largo del tiempo; la presencia de uno no implica la ausencia de lo otro, sino que son un continuo.

4. y 5. En pequeños grupos o en parejas, si desea hacerlo en la clase. Si no, puede repartir las palabras entre los estudiantes y pedirles que busquen las definiciones para leerlas al resto del grupo en la sesión siguiente. Puede encontrar todas estas definiciones en *www.psicoactiva.com/diccio/diccio_a.htm*.

6. Lea en voz alta cada afirmación y deles un momento para que marquen su respuesta. Deles unos minutos para leer el texto y, juntos, corrijan el ejercicio. En las afirmaciones falsas, pregúnteles cuál es la afirmación verdadera. Respuestas: 1. F; 2. V; 3. V; 4. F. Después, escriba en la pizarra la lista de los trastornos que se mencionan.

a) El título original del artículo es: "Uno de cada cinco españoles presenta un trastorno mental en algún momento de su vida".

Si lo desea, para la sesión siguiente pida a sus alumnos que busquen información sobre sus países de origen para que así puedan hacer comparaciones entre las poblaciones de los distintos países. Vaya apuntando las comparaciones y/o conclusiones en la pizarra y, al final, pídales que escriban un título para un artículo que resumiría la información comentada. Escojan entre todos el mejor.

FICHA 8.2.

Lea en voz alta el párrafo. Por motivos de espacio, no se han podido incluir todas las categorías en el manual. Prepare una transparencia con columnas para las diversas categorías. A medida que avancen en la unidad, vaya escribiendo los trastornos que vayan apareciendo en su columna correspondiente, para que al final tengan un resumen de toda la unidad.

FICHA 8.2.1.

Para introducir esta ficha, escriba en la pizarra palabras que describan estados de ánimo, o muéstrelos con imágenes (tristeza, alegría, cólera, ansiedad, euforia, irritabilidad, enojo, etc.). Pregunte a sus estudiantes qué describen/muestran esas palabras/imágenes.

1. Los textos son bastante largos y algo complicados. Divida a la clase en dos grupos y asigne uno de los textos a cada uno. Deles unos minutos para que los lean. Circule por la clase para resolver dudas de vocabulario. Después, pida a cada grupo que entre todos escriban un breve resumen de su texto. Cuando acaben, forme parejas con un miembro de cada grupo para que se lean los resúmenes de su texto.

2. Primero, por turnos y en voz alta, pida que lean los textos de la columna derecha. En parejas, deles unos minutos para que hagan el ejercicio. Respuestas: 1. c; 2. d; 3. a; 4. e; 5. b.

    a) Puede asignar esta actividad para deberes. En la sesión siguiente, pida a algunos estudiantes que lean sus resúmenes.

3. *Tener manía a alguien, ser un/a maniático, estar lleno/a de manías.* Escriba estas y otras expresiones con *manía* y pídales a sus estudiantes que las expliquen con sus propias palabras. *¿Qué es manía?*, pregunte. Luego, escriba *episodio maníaco* y *maniaco-depresivo*. ¿Qué es *manía* en esos casos? Respuestas: Manía - Enfermedad del estado de ánimo caracterizada por una hiperactividad psíquica y un fondo de alegría, de euforia y actividad frenética, que no tienen motivación real alguna. Un episodio maníaco se caracteriza por el estado de ánimo eufórico.

4. Antes de hacer la actividad, lea las palabras del recuadro en voz alta y asegúrese que conocen su significado. Deles unos minutos para hacerla. Respuestas: 1. cíclica; 2. maníaca; 3. depresión; 4. apatía; 5. alteraciones; 6. síntomas; 7. episodios; 8. euforia.

5. Primero, en parejas, deles unos minutos para hacer la actividad. Luego, después, al preguntar las soluciones, aproveche para repasar el imperfecto de subjuntivo. Escriba en la pizarra: *Yo le aconsejaría/diría que* + imp. subj. Luego, pregunte: *¿Qué le aconsejarías (consejo le darías) a un paciente bipolar en fase de euforia?* y pídales que den la respuesta con la frase de la pizarra. Vaya escribiendo las formas verbales a medida que respondan. Respuestas: están intercambiados los consejos 1, 3 y 8.

   a) En parejas. Deles unos momentos para hacer el ejercicio. Circule por la clase para resolver dudas de vocabulario y vaya apuntando errores, para comentar con todo el grupo al final de la actividad. Pida a algunas parejas que representen el diálogo que han preparado.

FICHA 8.2.2.

Explique que la palabra "esquizofrenia" proviene del griego y significa "escindir inteligencia". Luego, lea en voz alta la información del recuadro. Pregunte a sus estudiantes qué saben de este trastorno, en particular, síntomas, para introducir la actividad siguiente.

1. Deles unos minutos para hacer la actividad. Respuestas: a. delirios; b. alucinaciones; c. pensamiento desordenado; d. afecto plano; e. comportamiento catatónico.
   Puede encontrar más información sobre los síntomas y los tipos de esquizofrenia en *http://www.psicoactiva.com/esquizof.htm*

FICHA 8.2.3.

1. Haga esta actividad con todo el grupo. Escriba ideas y vocabulario nuevo en la pizarra. La ansiedad es el miedo anticipado a padecer un daño o desgracia futuros, acompañada de un sentimiento de temor o de síntomas somáticos de tensión.

2. Respuestas abiertas. Escriba en la pizarra ideas y vocabulario nuevo que pueda ser útil para la actividad siguiente. La salud, el dinero o la familia son factores que habitualmente nos provocan un estado de ansiedad, pero cuando las tensiones se vuelven crónicas (más de seis meses) e impiden a la persona enfrentarse al día a día, incluso sin una situación que lo justifique, se trata ya de un Trastorno de Ansiedad Generalizada (TAG).

3. Deles unos minutos para que busquen las definiciones en el diccionario o las expliquen con sus propias palabras. Pida que por turnos las lean en voz alta (comente la expresión "tener/hacerse un nudo en la garganta"). Después pida que por turnos lean el texto en voz alta. Si lo desea, al acabar, en parejas, pídales que con las ideas del texto elaboren un mapa semántico para vocabulario. Por ejemplo:

```
   Definición                    Diagnóstico
              Esquizofrenia
   Síntomas                      Tratamiento
```

4. Haga una transparencia con ambos testimonios. Léalos en voz alta, dramatizando. Asegúrese de que entienden el vocabulario.

   a) Deles unos minutos para que busquen las similitudes. Para corregir, subráyelas en la transparencia a medida que se las vayan diciendo. Respuestas: El corazón me latía apresuradamente / el corazón me latía muy rápido; se me dificultaba cada vez más respirar / me ahogaba.

   b) Un ataque de pánico.

   c) Puede hacerlo con todo el grupo o en pequeños grupos. En el segundo caso, circule por la clase para corregir y apunte las ideas que oiga. Luego, haga una puesta en común. Respuestas: el trastorno de pánico es un trastorno de ansiedad caracterizado por la presencia de crisis de síntomas neurovegetativos (palpitaciones, sudoración, sensación de ahogo, de atragantarse, etc.), cognitivos (miedo a volverse loco, temor a morir, etc.) y conductuales (evitación de situaciones ansiosas).

5.

   a) Actividad con todo el grupo o en los grupos de la actividad anterior. Vaya escribiendo sus respuestas en la pizarra o en una transparencia. Respuestas: fisiológicos (latido acelerado del corazón -palpitaciones-, dolor en el pecho -opresión, malestar torácico-, dificultad respiratoria -sensación de ahogo...), cognitivos (miedo a morir, miedo a volverse loco) y conductuales (evitar situaciones ansiosas- el caso del segundo testimonio).

   b) Deles unos minutos para que busquen las definiciones. Luego, con todo el grupo, pregunte por turnos la definición y a qué tipo de síntoma pertenece cada palabra. Escríbalos en la columna que corresponda en la transparencia. Respuestas: fisiológicos: escalofrío, sofoco, náuseas, sacudidas, sudoración; cognitivos: despersonalización.

TEMA 8: TRASTORNOS DE SALUD MENTAL

FICHA 8.2.3.1.

Escriba la palabra "fobia" en la pizarra. Pregunte cómo la definirían. Luego, lea el texto de introducción en voz alta.

1. Pregúnteles si alguno de ellos tiene alguna fobia y que expliquen en qué consiste. En *www.fobias.net* o *www.ansiedad.org* encontrará un listado completo de fobias. Si sus estudiantes no saben el nombre de ninguna, puede preparar una actividad con fichas o de relaciona. Use las más habituales.

2. Respuesta abierta.

3. Individualmente o en parejas. Deles unos minutos y, con todo el grupo, pida que lean en voz alta su lista. Vaya apuntando sus sugerencias en la pizarra.

4. El texto es bastante largo. Puede asignarlo de deberes y corregir las preguntas en la sesión siguiente.

    a) Porque una de las mejores terapias para abordarlo requiere de la exposición del paciente al objeto o situación temida, algo que para nadie resulta agradable.

    b) tratamiento de fobias con realidad virtual, por el cual es posible atacar ese trastorno sin la necesidad de enfrentarse, en la vida real, al objeto o situación temida. Se trata de modelos tridimensionales gráficos en los que el paciente, por medio de unos lentes estereoscópicos, siente los ambientes –que el propio médico controla– como si fueran reales.

    c) Temor a volar en avión, a verse en lugares públicos y a hablar frente a un auditorio.

    d) Las asociadas con problemas de ansiedad.

    e) Los hombres tienen más casos asociados a uso de sustancias, como alcohol y drogas.

    f) Para corregirla, agrupe a los estudiantes en pequeños grupos –que hayan escogido fobias diferentes para que se las expliquen–. Luego, con todo el grupo, pida a algunos voluntarios que hagan su presentación.

FICHA 8.2.3.2.

Ante de leer el texto, si dispone de la tecnología adecuada, puede poner los vídeos que se muestran en el sitio web de la fuente (*www.asociaciontoc.org*). Lea el texto en voz alta. Destaque la distinción entre "obsesión" y "compulsión".

1. a) En parejas. El cartel informativo también está en el sitio web mencionado, si desea mostrarlo en una pantalla, para que por turnos lo lean en voz alta. Para ayudar a sus estudiantes con las preguntas, encontrará un test del carácter obsesivo-compulsivo en *http://www.psicoactiva.com/tests/test10.htm*. Pida que hagan cinco preguntas. Circule por la clase corrigiendo y resolviendo dudas de vocabulario.

   b) Pida a cada pareja que, por turnos, represente el diálogo ante el resto del grupo.

FICHA 8.3.

Puede hacer las siguientes actividades con todo el grupo, o primero juntar a los estudiantes en pequeños grupos para que luego compartan su información con el resto.

1. Vaya escribiendo sus respuestas en la pizarra. Si lo cree conveniente, haga primero una actividad de repaso con los trastornos que han visto en esta unidad.

2. Respuesta abierta.

3. Respuesta abierta. Vaya escribiendo sus respuestas en la pizarra.

4. Primero, asegúrese de que conocen el vocabulario para completar el texto. Deles unos minutos para hacer la actividad. Respuestas: 1. hiperactividad; 2. autismo; 3. agresividad; 4. conducta; 5. alimentación; 6. adicción; 7. depresión; 8. conflictividad; 9. tratamiento.

5. Antes de hacer esta actividad, puede preguntarles cuáles piensan que son los factores que causan los trastornos mencionados en el texto anterior. Escriba sus ideas en la pizarra. Después, lea en voz alta la columna de factores y asegúrese de que comprenden el vocabulario.

   a) y b) Mientras hacen estas actividades, circule por la clase y vaya apuntando sus ideas y/o errores, para comentarlos después. Al final, haga una puesta en común con todo el grupo. Prepare una transparencia con el cuadro de factores y vaya marcando las elecciones de cada grupo.

   c) Puede asignarlo de deberes. Aproveche para comentar la organización del texto (introducción, desarrollo y conclusión), así como los conectores para enumerar/ordenar las ideas, de contraste/oposición, de comparación, etc.

FICHA 8.4.

1. La diferencia entre un psicólogo y un psiquiatra estriba en que los psiquiatras son profesionales médicos, cuya formación consiste en cómo diagnosticar problemas biológicos en el cerebro. Como médico puede prescribir medicación adecuada a la patología del paciente. Un psicólogo es un profesional cuya formación está relacionada con la conducta normal del individuo, así como con sus procesos cognitivos (pensamiento) y su interacción de adaptación con el medio. El psicólogo no puede prescribir medicación alguna, pero sí es un especialista en terapias psicológicas encaminadas al tratamiento de enfermedades mentales.

2. Para esta pregunta, puede pedirles que consulten qué personal incluye la unidad de Salud Mental de distintos hospitales y Centros de Salud, o hacerlo en la clase por Internet. Trabajador social, enfermeros.

3. Deles unos minutos para hacer esta actividad. Respuestas: 1. c; 2. a; 3. d; 4. b.

ACTIVIDADES RECOPILATORIAS

1. a) y b) Distribuya a sus estudiantes por grupos. Dé a cada grupo una cartulina y material para que puedan escribir y, si lo desea, revistas con fotografías para recortar, pegamento, etc. Luego, deles unos minutos para que lean el texto y resuelva dudas de vocabulario. Después, cada grupo deberá elaborar el cartel explicativo en la cartulina. Circule por la clase para corregir errores y contestar preguntas. Cuando acaben, pida que cuelguen los carteles en las paredes de la clase y, junto con el grupo, vaya pasando por delante de cada uno para que el grupo correspondiente lo explique.

2. Explíqueles que deben representar esos dos textos en forma de diálogo, pero que este no tiene por qué seguir el mismo orden que el texto. Es decir, el paciente puede entrar preguntando si su tratamiento puede crear adicción y, a partir de ahí, desarrollar el diálogo. Circule por la clase mientras preparan el diálogo y vaya corrigiendo y apuntando errores para comentarlos más adelante. Como ampliación de esta actividad, puede pedirles que ellos mismos se inventen el contenido de una consulta relacionada con uno de los trastornos de Salud Mental estudiados.

3. En esta actividad se incluyen trastornos (conducta alimentaria, por ejemplo) que por motivo de espacio no se han podido incluir en esta unidad. Recuérdeles que el objetivo de la presentación es hablar con familiares de pacientes, por lo que deberán combinar el uso de vocabulario médico especializado con el popular. Circule por la clase mientras preparan la presentación, resolviendo dudas de vocabulario y corrigiendo errores.

TEMA 9

DOS ETAPAS DE LA VIDA: INFANCIA Y TERCERA EDAD

FICHA 9.1.

Esta ficha sirve de introducción general al tema de las etapas vitales, centrándose en los requerimientos nutricionales de cada época de la vida humana.

1. Realice las preguntas a sus alumnos y apunte sus respuestas en la pizarra. Respuestas abiertas.
   a) Posibles respuestas: infancia, niñez, pubertad, adolescencia, edad adulta, vejez, ancianidad, tercera edad, etc.
   b) Ejemplo de respuesta para la adolescencia: algunos de los cambios físicos que experimentan las personas durante la época de la adolescencia son el crecimiento físico, el inicio de la madurez sexual y el principio de la menstruación (en el caso de las jóvenes). En la adolescencia los requerimientos energéticos y nutricionales son mayores debido al rápido desarrollo físico e intelectual que tiene lugar durante esta época.

2. Elija a cinco alumnos para que cada uno lea uno de los cinco párrafos en voz alta. Después, haga el ejercicio con todo el grupo. Señale los sinónimos de la palabra "etapa" que se utilizan en los textos: "época" y "edad". Respuestas: 1. Bebés; 2. Adolescencia; 3. Tercera edad; 4. Infancia; 5. Edad adulta.

3. Dedique tiempo suficiente a la explicación del uso de los conectores en el cuadro. Para practicar estos conectores, pida a los alumnos que elaboren frases con ellos. Dígales que escriban sus artículos en casa como deberes. Recuérdeles que tienen que utilizar los conectores aprendidos en clase.

4. En la siguiente sesión, antes de recoger las redacciones de los estudiantes, haga esta actividad con ellos. Dígales que examinen rápidamente sus escritos para encontrar las palabras clave del texto. Escriba sus sugerencias en la pizarra. Deles tiempo para resumir sus redacciones y ponerles un título con las palabras clave escritas en la pizarra como ayuda. Circule por la clase para resolver dudas. Cuando los alumnos hayan terminado la actividad, recoja todas las redacciones con los resúmenes y títulos añadidos.

FICHA 9.2.

1. a) Puede preparar una transparencia del formulario de la historia neonatal. Enseñe la transparencia a sus alumnos y pregúnteles si han visto o utilizado un formulario similar y, en caso afirmativo, pídales que describan el uso y la función de este documento.

b) Realice esta pregunta a los estudiantes. **Respuesta abierta. Posible respuesta:** el formulario ayuda a los padres a conocer el estado físico de su bebé al nacer para que puedan satisfacer las necesidades del recién nacido.

c) Haga este ejercicio con todo el grupo. Puede subrayar las palabras de este ejercicio en la transparencia del formulario. **Respuestas: 1.** c; **2.** f; **3.** g; **4.** a; **5.** b; **6.** d; **7.** e; **8.** h.

d) Haga que un alumno lea en voz alta el texto sobre la puntuación Apgar. Es posible que haya algún estudiante que haya hecho este examen. En este caso, pregúntele cómo funciona el test.

e) Los alumnos completan el esquema en parejas para la posterior corrección en grupo. **Respuestas: 1.** Pulso; **2.** Respiración; **3.** Apariencia; **4.** Actividad; **5.** Gesto.

Como seguimiento a este ejercicio, divida la clase en dos grupos y haga esta actividad. Antes de la sesión, haga tantas copias de las tarjetas que aparecen a continuación como sean necesarias para que cada grupo las tenga todas. Dígales a los grupos que evalúen los cuatro bebés cuyas características al nacer están apuntadas en las tarjetas. Pídales que les asignen a los bebés una puntuación Apgar para cada parámetro y sumen las cinco puntuaciones para obtener el resultado del test y decidir la atención adecuada para los recién nacidos. Recuérdeles que si el bebé obtiene de 8 a 10 puntos está en buenas condiciones; si obtiene de 4 a 6 puntos requiere una actuación inmediata; y si obtiene menos de 4 puntos necesita atención de emergencia como medicamentos o respiración asistida. Haga una puesta en común para ver si coinciden los resultados.

Tarjetas:

Bebé 1

Parámetro	Observación	Puntuación
Apariencia	Piel toda azul.	
Pulso	<100.	
Gesto	Llanto débil al ser estimulado.	
Actividad	Alguna flexión.	
Respiración	Esfuerzo respiratorio débil.	
		Total:
DECISIÓN		

Bebé 2

Parámetro	Observación	Puntuación
Apariencia	Normal.	
Pulso	>100.	
Gesto	Patea al ser estimulado.	
Actividad	Movimiento activo.	
Respiración	Esfuerzo respiratorio fuerte.	
		Total:
DECISIÓN		

Bebé 3

Parámetro	Observación	Puntuación
Apariencia	Extremidades azules.	
Pulso	No posee.	
Gesto	Llanto débil al ser estimulado.	
Actividad	Ningún tono muscular.	
Respiración	Esfuerzo respiratorio ausente.	
		Total:
DECISIÓN		

Bebé 4

Parámetro	Observación	Puntuación
Apariencia	Normal.	
Pulso	>100.	
Gesto	Estornudo al ser estimulado.	
Actividad	Alguna flexión.	
Respiración	Esfuerzo respiratorio irregular.	
		Total:
DECISIÓN		

Respuestas:

Bebé 1	Parámetro	Observación	Puntuación
	Apariencia	Piel toda azul.	0
	Pulso	<100.	1
	Gesto	Llanto débil al ser estimulado.	1
	Actividad	Alguna flexión.	1
	Respiración	Esfuerzo respiratorio débil.	1
			Total: 4
	DECISIÓN: El bebé requiere una actuación inmediata.		

Bebé 2	Parámetro	Observación	Puntuación
	Apariencia	Normal.	2
	Pulso	>100.	2
	Gesto	Patea al ser estimulado.	2
	Actividad	Movimiento activo.	2
	Respiración	Esfuerzo respiratorio fuerte.	2
			Total: 10
	DECISIÓN: El bebé está en buenas condiciones.		

Bebé 3	Parámetro	Observación	Puntuación
	Apariencia	Extremidades azules.	1
	Pulso	No posee.	0
	Gesto	Llanto débil al ser estimulado.	1
	Actividad	Ningún tono muscular.	0
	Respiración	Esfuerzo respiratorio ausente.	0
			Total: 2
	DECISIÓN: El bebé necesita atención de emergencia y respiración asistida.		

Bebé 4	Parámetro	Observación	Puntuación
	Apariencia	Normal.	2
	Pulso	>100.	2
	Gesto	Estornudo al ser estimulado.	2
	Actividad	Alguna flexión.	1
	Respiración	Esfuerzo respiratorio irregular.	1
			Total: 8
	DECISIÓN: El bebé está en buenas condiciones.		

2. a) y b) Asigne estas actividades como deberes para que los alumnos dispongan de tiempo suficiente para leer el texto y completar el esquema. Pídales que apunten y busquen el vocabulario y expresiones que desconocen para comentar con el resto de la clase. Respuestas a la actividad b:

Ventajas para el bebé	Ventajas para la madre	Ventajas para la familia	Ventajas para la sociedad
La leche materna contiene todo lo que el niño necesita durante los primeros meses de la vida.	Las mujeres que amamantan pierden el peso ganado durante el embarazo más rápidamente.	Con la leche materna la familia puede ahorrar mucho dinero en alimentación en un año.	La leche materna es un alimento ecológico. No necesita fabricarse, envasarse ni transportarse, con lo que se ahorra energía y se evita contaminación del medio ambiente.
La leche materna protege al niño frente a muchas enfermedades mientras el bebé está siendo amamantado.	Es más difícil que una mujer que amamanta padezca anemia tras el parto.	Los niños amamantados ocasionan menos gasto a sus familias debido a la menor incidencia de enfermedades.	Los niños amamantados ocasionan menos gasto a la sociedad en medicamentos y utilización de servicios sanitarios.
La leche materna protege al niño de enfermedades futuras.	Las mujeres que amamantan tienen menos riesgo de hipertensión y depresión posparto.		Los niños amamantados originan menos pérdidas por absentismo laboral de sus padres.
La leche materna favorece el desarrollo intelectual del niño.	La osteoporosis y los cánceres de mama y de ovario son menos frecuentes en aquellas mujeres que amamantaron a sus hijos.		

c) Puede hacer este ejercicio con toda la clase. Pídales a los estudiantes que corrijan los enunciados falsos. Respuestas: 1. V; 2. F; 3. V; 4. V; 5. F.

3. a) Realice esta actividad con todo el grupo. Pida a un estudiante que lea en voz alta la pregunta de la columna de la izquierda y pregunte a todo el grupo cuál es la respuesta correspondiente. El estudiante que dé la solución leerá en voz alta la respuesta completa. Respuestas: 1. c; 2. a; 3. d; 4. b; 5. e.

b) Sería conveniente llevar la versión actualizada del calendario de vacunaciones para mostrarla en clase. Puede encontrarla en la página web de la Asociación Española de Pediatría: *http://www.vacunasaep.org/padres_publico/calendario_vacunal.htm*. Comente el calendario en clase y asegúrese de que los alumnos entienden bien las recomendaciones.

c) Los alumnos trabajan en parejas para relacionar los acrónimos con los nombres completos de las vacunas. Respuestas: 1. b; 2. f; 3. a; 4. e; 5. d; 6. c; 7. g; 8. h.
Pregunte a la clase si existen las mismas vacunas en sus países.

4. a) Pida a los estudiantes que lean la pregunta y la respuesta en voz baja. Después, haga que un estudiante resuma lo que acaba de leer. Comente la estructura y organización de la respuesta del pediatra, haciendo hincapié en el uso del *se* impersonal.

b) Los alumnos elaboran sus esquemas en parejas. Circule por la clase para corregir y contestar preguntas.
Puede ayudarles con el vocabulario escribiendo en la pizarra un diagrama similar al siguiente:

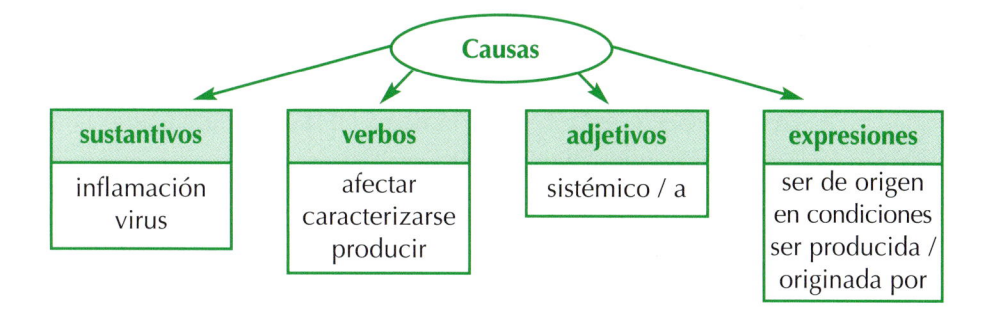

```
                        Causas
       ┌──────────┬──────────┬──────────┐
  sustantivos   verbos    adjetivos   expresiones
  inflamación   afectar   sistémico/a  ser de origen
  virus         caracterizarse          en condiciones
                producir                ser producida /
                                        originada por
```

c) Esta actividad puede asignarla de deberes. Recuerde a los alumnos que pueden utilizar el texto de la actividad **a** como modelo para redactar su propia respuesta. En la siguiente sesión, para aprovechar la complicidad creada en la sesión anterior, haga que las parejas del ejercicio **b** intercambien los textos para que cada uno evalúe y corrija el trabajo de su compañero.

TEMA 9: DOS ETAPAS DE LA VIDA: INFANCIA Y TERCERA EDAD

FICHA 9.3.

1. Los alumnos hacen sus listas individualmente durante unos minutos. Después, haga una puesta en común y escriba en la pizarra los cambios físicos asociados a la tercera edad que vayan mencionando.

2. Antes de realizar esta actividad, haga que la clase contraste la lista en la pizarra con la lista de la columna de la izquierda. Pregúnteles en qué coinciden las dos listas. Luego los alumnos hacen el ejercicio individualmente para la posterior corrección en grupo. **Respuestas: 1.** c; **2.** e; **3.** d; **4.** a; **5.** b.

3. Los estudiantes trabajan en parejas para elaborar su propia definición de los términos del ejercicio. Mientras realizan esta actividad, circule por la clase por si necesitan ayuda y tome nota de sus comentarios y errores para luego comentarlos en una puesta en común. **Respuesta libre. Posibles respuestas:**
   1. El olvido senil benigno se caracteriza por discretas alteraciones de memoria que generan problemas como dificultades para aprender y recordar nombres propios.
   2. La dentadura es el conjunto de dientes que una persona tiene en la boca.
   3. La fibra muscular es una célula muscular caracterizada por su contractibilidad que se aplica a la locomoción.
   4. La presbicia es la incapacidad de enfocar y ver objetos que están cerca.
   5. La osteoporosis es la fragilidad de los huesos producida por una menor cantidad de sus componentes minerales.
   6. La salud bucal es la condición física en que se encuentran la boca, los dientes, la lengua y las encías.
   7. La articulación es la unión de un hueso con otro.
   8. El envejecimiento es el proceso que caracteriza la vida del ser vivo debido al paso del tiempo.

4. Haga que los alumnos realicen este ejercicio individualmente. Después, corríjalo con todo el grupo. **Respuestas:**
   1. Se recomienda ejercitar la memoria.
   2. Es aconsejable consumir calcio.
   3. Hay que evitar la inmovilidad.
   4. Es importante establecer una iluminación adecuada durante la lectura o el trabajo.
   5. Es preciso limpiar la dentadura tras las comidas.

Dígales que reflexionen sobre el uso de las siguientes estructuras para hacer recomendaciones impersonales:

se recomienda + infinitivo
hay que + infinitivo
es + adjetivo *(importante, preciso, aconsejable)* + infinitivo

Pídales que contrasten las frases que acaban de construir en este ejercicio con las frases de la columna de la derecha.

Se recomienda ejercitar la memoria.	Te recomiendo que ejercites la memoria.
Hay que evitar la inmovilidad.	Tienes que evitar la inmovilidad.
Es importante establecer una iluminación adecuada durante la lectura o el trabajo.	Es importante que establezcas una iluminación adecuada durante la lectura o el trabajo.
Es preciso limpiar la dentadura tras las comidas.	Es preciso que limpies la dentadura tras las comidas.
Es aconsejable consumir calcio.	Te aconsejo que consumas calcio.

Explique a los alumnos las diferencias entre recomendaciones personales e impersonales.

ACTIVIDADES RECOPILATORIAS

1. Deles a los estudiantes unos minutos para que completen las dos columnas. Cuando hayan terminado, corrija el ejercicio con todo el grupo.
Respuestas:
Infancia: fenilcetonuria, paperas, rubéola.
Tercera edad: osteoporosis, presbicia, olvido senil benigno.

2. Esta actividad tiene una doble explotación: por un lado, practicar la formulación de recomendaciones impersonales que los alumnos han aprendido en la ficha 9.3 y, por otro, escribir una respuesta informativa y coherente a una consulta médica, como han aprendido a hacer en la ficha 9.2. Pídales a los alumnos que lean el texto en voz baja. Explique posibles dudas de vocabulario. Asigne la segunda parte de esta actividad como deberes, ya que la redacción del texto requiere tiempo. Remítales a la página web *www.tiroides.net* para más información sobre el hiper y el hipotiroidismo.

TEMA 10
LA SALUD PÚBLICA

FICHA 10.1.

1. Realice esas dos preguntas a los alumnos. Respuesta abierta.

2. Los alumnos completan el texto para la posterior corrección en grupo. Respuestas: 1. lesiones; 2. eficiencia; 3. discapacidades; 4. higiene; 5. rehabilitación.

3. Pídales a los estudiantes que lean el texto de nuevo y pregúnteles en qué puntos se parece o diverge su definición de Salud Pública con la de Milton Terris.

4. Los alumnos hacen este ejercicio individualmente. Recuérdeles que algunas actividades en la lista pertenecen a más de una rama de la Salud Pública. Corrija el ejercicio con todo el grupo. Respuestas:

Protección de la salud
2. Control de la contaminación del suelo, agua, aire y de los alimentos.
4. Intervenciones de prevención primaria: vacunaciones.
6. Intervenciones de prevención secundaria: detección precoz de enfermedades.
8. Detección de factores de riesgo para la población.

Promoción de la salud
1. Intervenciones de educación sanitaria a través de medios de comunicación.
5. Promoción de estilos de vida saludables.

Prevención de la enfermedad
1. Intervenciones de educación sanitaria a través de medios de comunicación.
2. Control de la contaminación del suelo, agua, aire y de los alimentos.
4. Intervenciones de prevención primaria: vacunaciones.
6. Intervenciones de prevención secundaria: detección precoz de enfermedades.
8. Detección de factores de riesgo para la población.

Restauración de la salud
7. Servicios de asistencia sanitaria: atención primaria.
3. Servicios de asistencia sanitaria: atención hospitalaria.

FICHA 10.2.

1. a) Deles a los alumnos tiempo suficiente para leer el texto en voz baja. Resuelva dudas de vocabulario.

b) Para comprobar si han comprendido el texto, plantee esas tres preguntas a los alumnos. Respuestas:
1. Acciones de vigilancia, control, actualización y defensa de la salud ante las agresiones de origen medioambiental.
2. Unión Europea, OMS, ONU.
3. Las sustancias químicas, la radiación y algunos agentes biológicos; el medio físico, psicológico, social y estático en general (la vivienda, el desarrollo urbano, el uso del terreno, el transporte).

c) Los estudiantes hacen esta actividad de forma individual. En la puesta en común, además de corregir el ejercicio, pídales que piensen en otros efectos en la salud de los factores ambientales en la columna de la izquierda aparte de los que están en la columna de la derecha. Respuestas: 1. e; 2. a; 3. d; 4. b; 5. c.

2. a) Deles unos minutos a los alumnos para que escriban sus definiciones de desarrollo sostenible.

b) Después de que los estudiantes hayan leído la definición de la Comisión Mundial sobre el Medio Ambiente y el Desarrollo, pídales que vayan leyendo en voz alta sus definiciones y busquen entre todos similitudes y diferencias con la definición que hay en sus libros. Subraye las palabras que se repitan en las definiciones.

c) Los alumnos completan las frases individualmente. Respuestas: 1. cubrir; 2. controlar; 3. proteger; 4. responder; 5. reducir.

Después de corregir el ejercicio, dígales que sustituyan los verbos con sinónimos. Sugiérales que escriban estos sinónimos en sus glosarios. Respuesta abierta. Posibles respuestas: 1. satisfacer; 2. vigilar; 3. defender; 4. atender; 5. disminuir.

d) Los alumnos elaboran sus listas en parejas. Cuando hayan finalizado sus listas, haga una puesta en común.

FICHA 10.3.

1. a) Los alumnos observan el cartel.

b), c) y d) Discuta estas tres preguntas con todo el grupo. Para implicar a la clase en el tema, empiece la discusión dando sus propias respuestas, haciendo hincapié en que se trata de opiniones personales.

e) Dígales a los alumnos que lean el texto detenidamente y subrayen las ideas principales, puesto que van a partir de las mismas para rellenar la tabla. Corrija este ejercicio con todo el grupo.

1. Lema de la campaña	"Elige espacios sin humo. Por lo que más quieras"
2. Objetivos de la campaña	– Mejorar la protección de los niños frente al tabaquismo pasivo. – Establecer medidas eficaces para la prevención del inicio en el consumo de los adolescentes.
3. Daños que ocasiona el tabaco	– Provoca muerte. – Causa más de 25 enfermedades.
4. Medidas que ha iniciado el Ministerio de Sanidad y Consumo	– Ratificación del Convenio Marco de la OMS. – Constitución del Observatorio para la Prevención del Tabaquismo. – Puesta en marcha de campañas informativas y de un número de teléfono de atención a los ciudadanos. – Edición de una Guía para dejar de fumar.

2. a) Radiografía de un cigarrillo.

Los alumnos trabajan en parejas para relacionar las sustancias de la columna de la izquierda con los efectos de la columna de la derecha. Señala el uso de la expresión "el/los responsable(s) de" para indicar la relación causa-efecto. Respuestas: 1. b; 2. c; 3. d; 4. a.

b) Los riesgos del tabaco.

Propóngales a los estudiantes que observen las figuras y que trabajen en parejas para completarlas. Respuestas: 1. cáncer de laringe; 2. enfermedades cardiovasculares; 3. cáncer de pulmón; 4. cáncer de riñón; 5. cáncer de estómago; 6. cáncer de vejiga; 7. pérdida de elasticidad de la piel; 8. cáncer de cuello de útero; 9. adelanto de la edad de menopausia; 10. osteoporosis.

Puede aprovechar esta actividad para repasar las partes del cuerpo.

c) Mitos sobre el tabaco.

Haga este ejercicio con la clase. Dígales a los estudiantes que reescriban las frases falsas. Respuestas: 1. verdadero; 2. falso; 3. falso; 4. verdadero; 5. falso.

Pídales que expliquen en clase otros mitos sobre el tabaco que conozcan.

3. a) Elija a un alumno con buena dicción para que lea el texto en voz alta. Se trata de concienciar a los estudiantes de los efectos perjudiciales del uso del tabaco durante el embarazo y motivarles a pensar en este asunto.

b) Lleve a la clase varios anuncios con lemas que provoquen interés. Estos van a servir como modelo a los alumnos en la creación de sus propios lemas.

c) En la puesta en común, los alumnos leen sus lemas en voz alta uno por uno. Pídales que voten el mejor lema de la clase.

FICHA 10.4.

1. Divida la clase en grupos pequeños y pídales que escriban la definición que consideren más adecuada para cada término. Respuesta abierta. Posibles respuestas:

   a. Una epidemia es una enfermedad que se propaga durante algún tiempo por un país, acometiendo simultáneamente a gran número de personas. (RAE).

   b. Una pandemia es una enfermedad epidémica que se extiende a muchos países o que ataca a casi todos los individuos de una localidad o región. (RAE).

   c. Una endemia es una enfermedad que reina habitualmente, o en épocas fijas, en un país o comarca. (RAE).

   d. La epidemiología es la disciplina científica que estudia la distribución, frecuencia, determinantes, relaciones, predicciones y control de los factores relacionados con la salud y enfermedad. (Wikipedia).

   e. La Medicina preventiva es la parte de la Medicina encargada de la prevención de las enfermedades basada en un conjunto de actuaciones y consejos médicos. (Wikipedia).

2. Antes de pedirles a los alumnos que hagan este ejercicio, explíqueles el objetivo de los Protocolos de las enfermedades de declaración obligatoria: realizar una revisión actualizada de las pautas de prevención de las enfermedades con el fin de consensuar un Protocolo de actuación que sirva de orientación al clínico y contribuya a un mejor control y vigilancia epidemiológica de las mismas. Respuestas:

Enfermedades prevenibles por vacunación:
   Difteria
   Tétanos y tétanos neonatal
   Tos ferina
   Poliomielitis
   Sarampión
   Parotiditis
   Rubéola y rubéola congénita

Otras enfermedades de declaración obligatoria:
   Rabia
   Fiebre amarilla
   Paludismo
   Varicela
   Tuberculosis respiratoria
   Brucelosis
   Disentería

3. Los alumnos relacionan las enfermedades contagiosas con los microorganismos causantes. Haga énfasis en las similitudes entre los nombres de las enfermedades en español y los nombres científicos de los microorganismos en latín. Respuestas: 1. f; 2. c; 3. a; 4. b; 5. d; 6. e.

4. a) Los alumnos hacen este ejercicio de forma individual. Respuestas: 1. d; 2. c; 3. a; 4. e; 5. b.

b) Pídales a los estudiantes que observen el formulario y busquen en él los términos que acaban de definir en el ejercicio anterior.

c) Haga esta pregunta a todo el grupo. Respuesta abierta.

d) Respuestas: salmonelosis; hepatitis A; botulismo; cólera.
Después de hacer este ejercicio en grupo, pregúnteles a todos si conocen otras enfermedades transmitidas por alimentos y las medidas para prevenirlas.

ACTIVIDADES RECOPILATORIAS

1. Los alumnos hacen esta actividad en parejas. Deles un fin de semana para que elaboren sus folletos. La página web del Comité Nacional para la Prevención del Tabaquismo (*www.cnpt.es*) puede proporcionarles la información que necesitan.
   Elija un día en el que las parejas presentarán su trabajo al resto de la clase. Propóngales a los alumnos que elijan el mejor folleto de la clase, valorando el eslogan, el formato, las imágenes y el contenido.

2. Los estudiantes escriben sus informes de forma individual. Para más información, remítales a páginas de Internet como MedlinePlus (*http://medlineplus.gov/spanish*). Corrija los informes individualmente. Si lo cree conveniente, puede elegir algunos para que sean leídos en voz alta.

TAREA 1
PLANIFICAR UNA CAMPAÑA DE SALUD

Esta unidad les ofrece a sus alumnos actividades que les van a proporcionar los recursos necesarios para planificar una campaña de salud contra la automedicación. Cada una de las cuatro fichas de esta unidad se centra en un aspecto que se debe tener en cuenta al emprender un proyecto de este tipo: el estado actual del fenómeno de la automedicación, el mensaje de la campaña, el público objetivo de la campaña y el plan de medios de difusión. Indíqueles que tienen que seguir las subtareas paso a paso y trabajar los textos y vocabulario en profundidad para realizar con éxito la tarea principal.

FICHA 1.

Las actividades de esta ficha sirven para concienciar a los alumnos del estado de la cuestión que van a abordar y los riesgos que conlleva este fenómeno.

1. a) Pídales a los estudiantes que lean detenidamente el texto y subrayen las ideas principales. Recuérdeles que van a partir de estas ideas no solo para responder a las preguntas de comprensión que siguen, sino también para desarrollar su campaña de salud.

    b), c) y d) Realice estas tres preguntas al grupo. Respuesta abierta. Respuestas posibles:
    b) La automedicación consiste en tomar medicinas que no han sido prescritas por nuestro médico.
    c) La gente suele tomar sin receta médica medicamentos para relajarse, para animarse, para el dolor de cabeza, para los problemas gástricos, etc.
    d) La disponibilidad de medicamentos que no exigen receta médica, la falta de tiempo para todo y el hecho de que todo el mundo parece saber cómo tratar las dolencias son algunos factores que contribuyen al fenómeno de la automedicación.

2. a) Deles tiempo suficiente a los alumnos para que elaboren sus listas de posibles efectos perjudiciales de la automedicación. Circule por la clase para resolver dudas.

b) Pídales que lean la continuación del texto del ejercicio anterior, subrayando las ideas principales.

c) Los alumnos trabajan en parejas para escribir una definición para cada uno de los términos en el cuadro. Recuérdeles que pueden utilizar sus diccionarios. Haga una puesta en común cuando todas las parejas hayan finalizado sus definiciones. *Respuesta abierta. Respuestas posibles:*
- Los efectos secundarios son las consecuencias indirectas y generalmente adversas del uso de un medicamento o terapia. (RAE).
- Las náuseas son ganas de vomitar. (RAE).
- La somnolencia es la pesadez y torpeza de los sentidos motivadas por el sueño. (RAE).
- La urticaria es una enfermedad eruptiva de la piel, cuyo síntoma más notable es una comezón parecida a la que producen las picaduras de la ortiga. (RAE).
- La patología es el conjunto de síntomas de una enfermedad. (RAE).

d) Los estudiantes hacen este ejercicio individualmente. Después, elija a algunos de ellos para que lean las frases completas. *Respuestas:* 1. b; 2. d; 3. a; 4. c.

e) Los alumnos comparan sus listas del ejercicio a con la lista del ejercicio anterior y añaden otros riesgos que se les ocurren durante la discusión en clase.

FICHA 2.

1. Elija a cuatro alumnos con buena dicción y asígneles a cada uno un párrafo del texto para leer en voz alta.

2., 3. y 4. Realice estas preguntas a la clase para comprobar su comprensión del texto. *Respuestas:*
   2. Cerca de un 28% de los españoles se declara consumidor de medicamentos de prescripción sin consultar al facultativo.
   3. Hasta un 33% de los ingresos hospitalarios es a causa del mal uso de los medicamentos.
   4. Respuesta abierta.

5. Los alumnos completan los tres mensajes principales de la campaña del Ministerio de Sanidad y Consumo según el texto. *Respuestas:*
   1. La automedicación es perjudicial para la salud si se refiere a medicamentos que deban adquirirse con receta médica.
   2. El médico es el único profesional cualificado para realizar un diagnóstico al paciente y prescribir medicamentos, así como para especificar la dosis, tratamiento y posología más adecuados a cada caso particular.

3. Los medicamentos se han de tomar según prescripción facultativa, adecuada a las necesidades clínicas de cada paciente, en las dosis precisas, según sus requerimientos individuales, con la información para su correcto uso y durante el periodo de tiempo adecuado.

6. Asigne esta actividad como deberes.

FICHA 3.

1. Deles tiempo suficiente a los alumnos para que observen los cuadros de resultados de la Encuesta de Salud de la Comunidad Valenciana y con ellos hagan el ejercicio 2. **Respuestas:**

2. Verdadero: a, d, e.
Falso: b, c.

3. Corrija el ejercicio anterior y discuta esta pregunta con todo el grupo.

FICHA 4.

1. Divida la clase en parejas que van a debatir sobre las ventajas y desventajas de cada uno de los medios de difusión que aparecen en el cuadro, en función de los objetivos de sus campañas y su población diana. Las siguientes son algunas de las ventajas y desventajas que pueden dar sus alumnos.

	Ventajas	**Desventajas**
1. Carteles	– Los carteles son vistos por una audiencia diversa y numerosa que los ve repetidamente al tomar la misma ruta diariamente. – Los carteles grandes y coloridos atraen la atención y tendrán impacto.	– El tamaño del cartel se limita al tamaño de los marcos o lugares en los que se coloca. – Pueden dañarse por las inclemencias del tiempo, o ser vandalizados. – La gente que pasa enfrente de los carteles diariamente no es muy receptiva a sus mensajes o está tan acostumbrada a estos que ya ni los ve.
2. Publicidad televisiva	– La televisión es un medio poderoso con un gran impacto visual que ofrece la posibilidad de incorporar sonido, movimiento, color y efectos especiales en la publicidad.	– La televisión es un medio bastante costoso.

	Ventajas	**Desventajas**
2. Publicidad televisiva	– El mensaje puede llegar sin que su recipiente esté conscientemente buscándolo. – Los anuncios pueden apelar a las emociones y empatía del público.	– Los mensajes pueden ser cortados por el telespectador al cambiar de canal o bajar el volumen de la televisión.
3. Cuña publicitaria en la radio	– Los mensajes de la radio pueden ser escuchados en muchos lugares: en el trabajo, en la playa, en las tiendas, etc. – El mensaje de la radio puede llegar sin que su recipiente esté conscientemente buscándolo. – Se puede elegir el tono de voz que se acomode al mensaje.	– La radio no tiene elementos visuales. – Los mensajes pueden ser cortados por el telespectador al cambiar de emisora o bajar el volumen de la radio.
4. Buzoneo	– Los mensajes pueden personalizarse. – Los recipientes se involucran activamente, ya que la gente solo lee su correspondencia cuando lo desee.	– A muchas personas les molesta la publicidad no solicitada. – Hay mucha correspondencia echada a la basura sin ser leída.
5. Anuncios en periódicos y en revistas de salud	– Los periódicos y revistas alcanzan una audiencia diversa y amplia. – La gente busca los anuncios en los periódicos, por eso son más receptivos a los mensajes publicados en ellos. – Los lectores se involucran activamente en la lectura de los periódicos y revistas y prestan mayor atención los anuncios.	– El periódico no es el medio más popular para ciertas edades. – Los periódicos y revistas son estáticos y bidimensionales.
6. Folletos	– Los folletos pueden ser distribuidos a una audiencia diversa y numerosa. – Ofrecen más espacio para poner más información o crear un anuncio más creativo.	– Los folletos son estáticos y bidimensionales. – Muchas personas no cogen folletos o los cogen, pero los tiran a la basura sin leerlos.

➡	**Ventajas**	**Desventajas**
7. Internet	– Los anuncios en Internet pueden actualizarse fácil y rápidamente. – Los anuncios pueden ser interactivos. – Internet alcanza una audiencia global.	– Internet no es el medio más popular para ciertas edades.

Después del debate, los alumnos escogen los cuatro medios que creen que son los más adecuados para sus campañas y argumentan su elección.

2. a) y b) Deles cinco minutos para que observen los carteles y rellenen el cuadro de similitudes y diferencias entre los dos. **Respuesta abierta.** Respuestas posibles:

	Similitudes	**Diferencias**
Eslogan	– Los dos tienen eslóganes cortos pero claros.	– El cartel A tiene un eslogan creativo y divertido. – El cartel B tiene un eslogan serio y directo.
Imagen	– Los dos tienen grandes imágenes que ocupan gran parte del anuncio.	– La imagen del cartel A, una foto sorprendente de un frutero que lleva bata blanca y estetoscopio, es mas llamativa que la imagen genérica de una pastilla del cartel B.
Tono		– El cartel A tiene un tono humorístico. El cartel B tiene un tono serio.
Información		– El cartel B contiene más información explícita que el cartel A.

c) Respuesta abierta.

d) y e) Asigne la actividad d como deberes. Los alumnos presentan sus carteles en la sesión siguiente.

3. a) Los estudiantes continúan leyendo la nota de prensa del Ministerio de Sanidad y Consumo que han empezado en la Ficha 2.

b) El video de esta publicidad televisiva está disponible en formato digital en la página web del Ministerio de Sanidad y Consumo:
http://www.msc.es/campannas/campanas06/usomedicamento.htm

Si dispone de recursos audiovisuales en el aula, puede hacer que los alumnos vean la publicidad antes de pedirles que lean el guion.
Si tiene un grupo grande, otra opción es hacer lo siguiente: elija a seis alumnos para que representen los seis personajes principales de la publicidad (mujer, barrendero, chica del quiosco, pescadero, frutero, hombre que estornuda en la calle) y otros tres alumnos para que hagan de actores extras. Asegúrese de que estos alumnos no han leído previamente el guion. Pídales que salgan del aula mientras el resto de la clase lee el guion en voz baja. Después, pídales a los actores que vuelvan al aula y escoja a otro alumno con buena dicción para que lea los diálogos y las acotaciones del guion. Enfrente de la clase y sin ensayar, los actores representan la publicidad siguiendo solo las instrucciones del "actor de voz". Esta actividad es una buena manera de explotar el guion y trabajar la comprensión auditiva en el aula.

c) y d) Realice estas dos preguntas a todo el grupo.

e) y f) Los alumnos hacen la actividad e en clase y la actividad f en casa como deberes. Recuérdeles que el resumen de ideas que han hecho en la actividad e les puede ayudar al realizar la actividad f. Recoja los guiones en una sesión posterior y corríjalos individualmente.

ACTIVIDADES RECOPILATORIAS

Escoja los tres mejores guiones de la clase. Divida la clase en tres grupos y asigne un guion a cada uno. Deje que los miembros de los grupos se repartan las tareas entre ellos. Deles un fin de semana para ensayar y elija un día en el que los grupos escenificarán sus publicidades. Si es posible, propóngales a los grupos que graben la escenificación con una cámara de video y proyecte los trabajos finales en el aula.

TAREA 2

MONTAR UN CONSULTORIO

Objetivo: hacer una presentación sobre una tarea consistente en la creación de un consultorio médico. Se les proporcionan los medios necesarios, a modo de guía, para que, seguidos paso a paso, puedan establecerse profesionalmente dentro de la práctica privada de la Medicina.

FICHA 1

1. a) Respuesta libre.

b) En el sector privado. Normalmente, se establecen por cuenta propia.

d) 1. V; 2. V; 3. F; 4. V; 5. F.

La inserción laboral de los médicos de familia es muy baja comparada con la de otras especialidades.

2. a) Pídales que hagan la lista con el libro cerrado; se trata de ver cuántas salidas profesionales conocen en castellano. Por ello, si las saben en su idioma pero no en español, deben consultar el diccionario, al profesor, a los compañeros, etc.
Después de unos minutos, escriba en la pizarra el siguiente cuadro con los grupos que deben aglutinar las salidas profesionales que hayan ido encontrando.
Es muy posible que hubieran obtenido unos primeros resultados más generales que específicos y de este modo se reconduce la actividad. También es muy posible que contesten mencionando especialidades médicas (cardiólogo, pediatra, etc.), por lo que quizás deba darles ejemplos como los del libro: en Urgencias, en Residencias geriátricas, etc.
Por último, pídales que abran el libro, que contrasten sus respuestas con las del libro y que continuen con las actividades que siguen.

b) Una vez hayan contestado a las preguntas de este punto, pregúnteles cuáles de esas salidas son sus favoritas y por qué. Intente explotar cada comentario por separado y, poco a poco, vaya contrastando las diferentes opiniones y trate de que los alumnos den respuesta a las siguientes preguntas, que puede fotocopiar y repartir o, simplemente, leerles en voz alta.

c) a. 4; b. 3; c. 2; d. 1; e. 5.

3. a) Pida a algún alumno que lea en voz alta cada uno de los requisitos.

Pregúnteles si los requisitos legales españoles son los mismos que los que se precisan en su país para establecerse por cuenta propia.

1. **Colegio Oficial de Médicos:** sociedad o corporación de personas de la misma profesión.
2. **Régimen Especial de Autónomos:** normas a las que se atiene el trabajador por cuenta propia. En España, el trabajador autónomo está obligado a cotizar (pagar una cuota a la Seguridad Social) desde el primer día del mes en que inicia su actividad.
3. **Mutual médica de Cataluña y Baleares:** la Mutual Médica es una alternativa al régimen general, RETA. Es una Mutua de Previsión Social vinculada a los médicos.
4. **Impuesto de Actividades Económicas, (IAE):** grava el mero ejercicio de una actividad económica, es decir, toda aquella actividad que se ejerza con carácter empresarial, profesional o artístico, cuando suponga la ordenación por cuenta propia de medios de producción y de recursos humanos, o de uno de ellos, con la finalidad de intervenir en la producción o distribución de bienes o servicios.
5. **Censo de Actividaes Económicas:** padrón o lista donde constan las personas que están adscritas al sistema del IAE.
6. **Capitalización por prestación del paro:** pago único de la prestación por desempleo. En lugar de cobrarse el desempleo por mensualidades, se cobra de una sola vez para poder invertirlo en un negocio.

b) Divida la clase en grupos de dos o tres personas. Indíqueles que deben leer lo que se explica en cada paso o punto. Pídales que completen o amplíen esa información si lo creen necesario. Se trata de que tengan las ideas muy claras, porque estos puntos son el paso previo a la actividad final que desarrollarán como juego de roles.

Coméntales que, en el presente caso, al tratarse de un consultorio odontológico, el requisito del que se hablaba en el apartado anterior respecto a darse de alta en el Colegio de Médicos, será en el correspondiente Colegio Oficial de Odontólogos y Estomatólogos.

Pídales también que comenten el plano, que indiquen si les parece apropiado o no a la función para la que se destina, si añadirían salas, si cambiarían algo, etc. Deben razonar cada una de sus respuestas. Se trata de que hablen entre ellos utilizando un lenguaje apropiado al tema.

c) a. 3; b. 5; c. 1; d. 6; e. 4; f. 2.

FICHA 2

Agrupe a la clase por parejas, a no ser que el número de estudiantes le haga decidirse por tríos. Para ello, tenga en cuenta el objetivo de la tarea: crear un establecimiento o consultorio médico y realizar su presentación final. Es importante para ello que las parejas sean capaces de trabajar y colaborar entre sí lo más cómodamente posible.

Explíqueles que la creación del consultorio va a tener presentes todos los pasos y elementos que se han trabajado ya y que ahora van a ampliar. Es importante que se vayan planteando los medios que van a utilizar para la presentación final, es decir, si será una presentación con soporte visual, gráfico, escrito, auditivo, etc.

Pídales que completen cada uno de los pasos y de los requisitos finales, como coste del local, nombre, etc.

Puede fotocopiar las siguientes conjunciones y palabras afines y recortarlas. Los alumnos deberán ir cogiendo tarjetas y utilizar adecuadamente los conectores en sus planteamientos. Lo ideal es que cada grupo de alumnos pueda disponer de un juego completo de tarjetas, o bien de un mínimo de 5 tarjetas por grupo que pueden ir intercambiándose entre ellos a medida que las utilicen. Corríjales cuando sea necesario si no utilizan el modo adecuado, indicativo o subjuntivo.

AUNQUE	YA QUE	COMO SI	CUANDO
EN CUANTO	PORQUE	TANTO... COMO	INCLUSO SI
PUES	SIN EMBARGO	SI	EN CASO DE QUE
PARA QUE	NO SOLO... SINO TAMBIÉN	YA QUE	SINO
SI NO	DE LO CONTRARIO	EN VISTA DE QUE	PUESTO QUE
POR TANTO	DE MODO QUE	A MENOS QUE	SIEMPRE QUE
MIENTRAS	MIENTRAS QUE	CUALQUIERA QUE	DONDE QUIERA QUE
CUANDO QUIERA QUE	TANTO SI... COMO SI	SI... O	POR QUÉ

CLAVES

MODELO DE EXAMEN

1. Comprensión lectora

1a) **Texto 1.** El corazón y el vino: 1. b; 2. b; 3. c; 4. b.

Texto 2. La energía de la luz: 1. b; 2. a; 3. c; 4. b; 5. b; 6. c.

1b) **Texto 1.** La Sanidad en Cataluña: 1. Falso; 2. Falso; 3. Verdadero; 4. Falso; 5. Verdadero; 6. Verdadero; 7. Falso; 8. Falso; 9. Verdadero; 10. Verdadero; 11. Falso; 12. Falso.

2. Conocimientos específicos del idioma

2a) Opción múltiple sobre problemas gramaticales: 1. c; 2. c; 3. b; 4. b; 5. a; 6. b; 7. c; 8. b; 9. c; 10. a; 11. b; 12. a; 13. c; 14. a; 15. b; 16. a; 17. a; 18. b; 19. c; 20. a.

2b) Completar cuestiones de léxico: 1. c; 2. b; 3. b; 4. c; 5. b; 6. b; 7. c; 8. b; 9. c; 10. a.

3. Producción de textos escritos

3a) Redacción de una carta para informar de un proyecto de investigación y para recordar la importancia de la colaboración de todos para el éxito de un estudio que está empezando a producir resultados muy interesantes sobre los estilos de vida y las diferentes enfermedades.

Estudio SUN

Dirigido y coordinado por:
Departamento de Medicina Preventiva y Salud Pública
Facultad de Medicina
Universidad de Navarra

Dña. Elena Quiroga
Balmes 446
08022 Barcelona

Pamplona, 24 septiembre de 2008

Estimado participante:

Le escribimos para informarle del proyecto sobre salud y estilos de vida. Estos trabajos comenzaron hace 6 años y usted tuvo la amabilidad de responder a nuestro cuestionario.

Ahora ha llegado el momento de responder a otro cuestionario.

Su colaboración es indispensable para el éxito de un estudio que está empezando a producir resultados muy interesantes sobre estilos de vida y diferentes enfermedades.

Apreciamos enormemente su tiempo y dedicación y nos despedimos recordándole que estaremos encantados de responder a cualquier pregunta que pueda tener sobre el estudio.

Reciba un cordial saludo.

Dr. Miguel Ángel Martínez-González

3b) Redactar un escrito profesional conciso: Redacción de un anuncio del área de medicina (Tiempo 15 minutos).
Redacción de un anuncio de oferta de empleo para ser incorporado en un periódico especializado en gestión hospitalaria.

MAPFRE SERVICIO DE PREVENCIÓN

Empresa Técnica dedicada a proporcionar Servicios de Prevención de Riesgos Laborales (SPA) a todo tipo de empresas, garantizando la seguridad y salud de los trabajadores y mejorando sus condiciones de Trabajo desea incorporar un

MÉDICO
para Centro de Trabajo en Alicante.

Médico General
Referencia: 1012313   Fecha: 08/05/2008

Funciones del puesto:
Las funciones a realizar son las propias de un médico asistencial.

Puestos vacantes:
1 puesto.

Requisitos:
– Licenciatura en Medicina.
– Experiencia previa de un año en un puesto similar.
– Persona con capacidad de relación con clientes, iniciativa, orden y autonomía.

Lugar de trabajo:
– Provincia de Alicante.

Se ofrece:
– Retribución en función de la valía del candidato.
– Tipo contrato: Indefinido.
– Jornada laboral: Completa.

4. Prueba oral.

Sus estudiantes tendrán 5 minutos para leer el texto individualmente. Luego examine a cada uno individualmente de la siguiente manera:

4a) Haga que lean algunas líneas en voz alta, evalúe su pronunciación, su entonación, etc. Puntos: 0-5.

4b) Pida un resumen con sus propias palabras de lo que dice el artículo.

4c) Haga preguntas sobre el texto tales como: ¿Por qué las españolas viven más que las demás mujeres europeas? ¿Por qué, si los hábitos considerados saludables se van perdiendo poco a poco, sigue aumentando la esperanza de vida? ¿Es esperable que la actual epidemia de obesidad, reconocida por todos los expertos, se traduzca en unos pocos años en epidemia de diabetes y enfermedades cardiovasculares?

La salud de los españoles en números

El último informe elaborado por el Ministerio de Sanidad aporta datos relevantes sobre indicadores de salud, pero poco esclarecedores sobre calidad de vida.

Según consta en el último informe sobre indicadores de salud elaborado por el Ministerio de Sanidad y Consumo, la esperanza de vida de los españoles tiende a aumentar. El informe no desvela, sin embargo, si los números son indicativos de un mayor nivel de calidad de vida. Tampoco aclaran el porqué de unas cifras que, en algunos casos, han sorprendido incluso a los expertos en salud pública. Pese al incremento de la expectativa de vida, los españoles cada vez presentan mayor tasa de obesidad y son más sedentarios, y las mujeres son las más longevas de Europa. Queda por ver cómo se relacionan estos datos con una buena salud. Tanto si es percibida como si es real.

El informe sobre indicadores de salud hecho público recientemente por el Ministerio de Sanidad español da muchos datos, pero plantea también muchas preguntas sin respuesta, que corresponde a los investigadores aclarar. En ello están.

«El dato de las mujeres no es nuevo, hace ya años que las españolas están en cabeza de las europeas, pero no sabemos por qué», dice Fernando Artalejo, del departamento de Medicina Preventiva y Salud Pública de la Universidad Autónoma de Madrid. El hecho es que, si bien los hombres españoles ocupan el tercer lugar de la Unión Europea en cuanto a esperanza de vida –por detrás de Italia y Suecia–, las mujeres españolas van a la cabeza, con 83 años. ¿Por qué? «Puede deberse a una combinación de factores: los genéticos; una buena calidad de vida...», dice Artalejo. Calidad de vida, para este experto, significa una dieta saludable, una cantidad razonable de ejercicio o una buena red social.

Los expertos recomiendan mantener el ejercicio físico cotidiano no programado y reforzarlo solo cuando sea preciso y, sin embargo, las mujeres españolas no se caracterizan precisamente por practicar mucho ejercicio. En el informe publicado por el Ministerio se afirma que «el 54% de la población de 16 y más años (53,7% de los hombres y 62,9% de las mujeres) se declaró sedentaria durante su tiempo libre en 2003». Y la tendencia no es muy positiva: «Si bien este porcentaje venía reduciéndose desde finales de los años 80, en los últimos años se observa una tendencia a la estabilización e incluso al aumento, razón por la que al comparar 1993 y 2003 se observa un ligero incremento en la prevalencia de sedentarismo, que pasó de 54,7% a 58,5% en esos dos años respectivamente».

La explicación de esta aparente paradoja podría estar en que el ejercicio físico cotidiano no programado es más importante de lo que suele creerse: «En España aún sigue siendo frecuente el ir caminando al trabajo, a hacer la compra. Eso hace que probablemente se acabe haciendo más ejercicio que en otros países desarrollados», apunta Artalejo. Sin embargo no vale caer en la autocomplacencia. Lo más probable, asegura este experto, es que estos hábitos tan saludables cambien de aquí a pocos años (compra de la semana en coche frente a pequeña compra diaria u ocio sedentario en vez de paseo al atardecer) y por tanto «hay que seguir fomentando al máximo la actividad física programada, porque será cada vez más el reducto que nos quede».